______________ 님의 소중한 미래를 위해

이 책을 드립니다.

사장이라면
어떻게 일해야 하는가

사장이라면
어떻게 일해야 하는가

경영멘토
김경준의
살아 있는 사장학

김경준(딜로이트 컨설팅 대표이사) 지음

원앤원북스

원앤원북스 우리는 책이 독자를 위한 것임을 잊지 않는다.
우리는 독자의 꿈을 사랑하고,
그 꿈이 실현될 수 있는 도구를 세상에 내놓는다.

사장이라면 어떻게 일해야 하는가

초판 1쇄 발행 2015년 1월 28일 | **지은이** 김경준
펴낸곳 ㈜원앤원콘텐츠그룹 | **펴낸이** 강현규 · 박종명 · 정영훈
책임편집 채지혜 | **편집** 봉선미 · 김나윤 · 이예은 · 최윤정
디자인 윤지예 · 임혜영 · 홍경숙 | **마케팅** 박성수 · 서은지 · 김서영
등록번호 제301-2006-001호 | **등록일자** 2013년 5월 24일
주소 100-826 서울시 중구 다산로16길 25, 3층(신당동, 한흥빌딩) | **전화** (02)2234-7117
팩스 (02)2234-1086 | **홈페이지** www.1n1books.com | **이메일** khg0109@1n1books.com
값 14,000원 | **ISBN** 978-89-6060-395-0 04320 | **ISBN** 978-89-6060-402-5 04320 (SET)

원앤원북스는 ㈜원앤원콘텐츠그룹의 경제 · 경영 · 자기계발 브랜드입니다.
이 책은 『잘 되는 회사는 분명 따로 있다』의 완전개정판입니다.

이 도서의 국립중앙도서관 출판시도서목록(CIP)은 e-CIP홈페이지(http://www.nl.go.kr/ecip)에서 이용하실 수 있습니다.(CIP제어번호 : CIP2014038291)

경영자들에게 필요한 것은
좋은 경영대학원 학위가 아니라
문제를 세밀하게 관찰해
냄새, 즉 본질을 맡아내는 능력이다.

• **잭 웰치**(전 GE 회장) •

차례

2장
사소한 변화에 목숨 걸지 않는다

3장

차별은 없다. 그러나 차이는 인정한다

4장

바쁜 사람보다 일하는 사람을 대접한다

지은이의 말

잘되는 회사를 만들기 위해 사장이 명심해야 할 것들

이 책에 관심을 가졌다면, 당신은 회사를 경영하거나 회사에서 일하거나 아니면 회사를 창업하려 하는 사람일 것이다. 그리고 과연 '잘되는 회사'와 '안되는 회사'란 무엇인가에 대해 한번쯤은 생각해본 사람일 것이다.

세상에 쉬운 일 없다고는 하지만 회사를 제대로 경영하는 것 또한 정말 쉽지 않은 일이다. 회사를 창업하고 경영해서 종업원 월급을 주고, 은행에 이자를 주고, 돈을 벌어가는 것은 사회를 유지시키는 가장 중요한 일이다.

일회적이고 비정상적인 경우를 제외한다면, 사업이라고 하는 것은 사는 쪽과 파는 쪽이 같이 이익이 생겨야 하는데, 이런 사업을 구상해서 현실화하고 잘 운영하는 것은, 말처럼 쉬운 일이 아니라는 것을 시간이 갈수록 절감한다.

그렇다면 잘되는 회사와 안되는 회사는 분명히 존재하는데, 무슨 차이점이 이 둘의 운명을 갈라놓는 것일까?

나는 그간 애널리스트, 투자자, 컨설턴트 등 다양한 입장에서 여러 회사를 접해보는 소중한 경험을 쌓을 수 있었다. 그러면서 막연하게 피상적으로만 이해했던 우리나라 기업의 현실을 실감나게 느낄 수 있었고, 어려운 여건 속에서도 엄청난 에너지를 가지고 미래를 개척해 나가는 훌륭한 경영자와 회사들을 많이 보았다. 이런 과정에서 소위 '잘되는 회사'의 공통점에 대해 자연스럽게 생각하고 정리하게 되었다.

이 책에서 하고 싶은 가장 중요한 이야기는 "회사는 사교클럽도 아니고 봉사단체도 아니다. 회사는 돈을 버는 곳이다."라는 것이다. 사회봉사를 하는 것은 돈을 번 '잘되는 회사'가 가지는 특권일 뿐이다. 실제로 '안되는 회사'의 특징을 가졌거나 그런 곳에서 일하는 사람일수록 기업의 사회적 책임을 강조하고, 경제적 논리가 모든 것이 아니라는 식의 말을 많이 한다. 그러나 나는 '돈을 벌고, 생존하는 것'이야말로 기업이 해야 할 사회적 책임의 출발점이라고 생각한다.

회사는 이기적이어야 하고, 건전한 탐욕이 넘쳐나야 한다. 이익을 내지 못하는 회사는 냉혹한 경제체제에서 이미 존재가치를 상실한 것이나 마찬가지다.

회사가 제대로 이익을 내기 위해서는 능력이나 실적에 관계없이 획일적 대우를 요구하는 기계적 평등주의는 반드시 청산되어야 한다. 즉 누구에게나 기회는 균등하게 주어지되 능력과 실적에 따른 합리적인 차이는 인정하는 풍토가 사내에 조성되어야 한다.

잘되는 회사와 훌륭한 경영자들은 우리나라를 떠받치는 기둥이고, 미래세대를 위한 가장 소중한 재산이다. 지금 우리사회에 "감 놔라, 배 놔라." 하고 무책임하게 떠드는 사람은 많지만, 실제로 '감 만들고, 배 만드는' 것이 더 어렵고 가치 있는 일 아닌가.

이 책에서 다루는 60가지 소주제들은 한 회사의 사장이라면 폭넓게 공감할 수 있는 내용들이라고 생각한다. 아무쪼록 이 책이 회사경영자, 자기 사업을 꿈꾸고 있는 분들, 나아가 회사에서 일하는 분들이 자신이 일하는 회사가 '잘되는 회사'가 되기 위해 무엇을 해야 할지에 대한 생각을 정리해보는 데 조그만 도움이 되기를 바란다.

김경준

1장

가진 것이 없기 때문에
할 수 있는 것을 찾는다

1
좋아하는 것과 해야 할 것을 구분한다

잘되는 회사는 냉철한 경제적 판단에 의해 사업을 선택한다.
안되는 회사는 사장의 개인적 취미를 사업으로까지 삼는다.

사람이 살아가면서 좋아하는 것만 하면 고통이 없을 것이다. 그러나 때론 좋아하지 않는 것도 해야 하는 게 인생이다.

회사도 마찬가지다. 경영자가 좋아하는 것만 하고, 또 잘되면 경영은 아무나 할 수 있을 것이다. 그러나 좋아하지 않아도 해야 할 것과 좋아하더라도 하지 않아야 할 것이 있는 법이다.

취미로 하는 사업을 일명 애완 비즈니스pet business라고 한다. 돈 많은 사람이 관심 있는 분야의 애완 비즈니스를 하는 것도 일종의 경제적 자유다.

그러나 애완 비즈니스가 본 사업처럼 되면 망하기 쉽다. 왜냐하면 취미가 있는 분야는 관련지식이 많다는 장점도 있지만, 냉정한 경제적 판단보다는 정서적인 호감에 이끌려 중요한 의사결정을 그르치기 쉽기 때문이다.

개인적인 취미를 사업으로 연결하다가 어려움에 빠진 경우로, 시멘트 회사를 모기업으로 하던 S그룹이 있다. 최고경영자가 자동차에 열정을 가지고 자동차 부문의 사업을 하다가 그룹 전체가 공중분해되는 비운을 겪었다. 이 자동차 회사는 심지어 단 3대가 팔린 스포츠카를 개발하기도 했다.

주변에 어떤 분은 개인적으로 골프를 좋아하는데, 골프 부킹이 어렵다 보니 아예 골프장 사업을 시작했다. 그러나 IMF 경제위기 이후 골프장이 침체에 빠지면서 큰 어려움에 봉착하는 것을 보았다.

부잣집 아들 치고 자동차에 관심 없는 사람 없고, 부잣집 딸 치고 패션에 관심 없는 사람 보지 못했다. 있는 돈으로 취미를 즐기면 아무 문제가 없지만 취미를 사업으로 하다가 쪽박 차는 사람이 많다는 데 문제의 심각성이 있다.

2
이해하기 전에는 지갑을 열지 않는다

잘되는 회사는 지갑을 열 때 그에 합당한 이유를 찾는다.
안되는 회사는 원칙 없이 단기적 시각으로 지갑을 연다.

미국의 전설적 펀드매니저로 유명한 피터 린치는 1977년 2천만 달러이던 마젤란펀드를 운용해 13년 만에 660배인 132억 달러짜리 대박 펀드로 만든 사람이다. IMF 이후 우리나라에서도 유명해진 조지 소로스 정도의 거물급 투자가라고 할 수 있다.

피터 린치가 한창 활동할 때 뉴욕 월가에서는 '피터 린치 효과'라고 해서, 피터 린치가 주식을 산다는 소문만 나도 그 주식의 가격이 올라갔고, 경쟁사에서는 피터 린치의 주문 상황만 염탐하는 특별팀을 가동하기까지 했다.

피터 린치는 40대 후반이던 1992년에 은퇴하면서 주식투자비결에 대한 책을 써서 남겼다. 이 책에서 피터 린치는 "사업이 이해되지 않는 회사의 주식은 절대로 사지 않는다."라는 투자 원칙을 강조했다. 실제로 그는 사업이 매우 복잡하거나, 사업의 본질이 상식선에서 이해되지 않는 회사는 절대로 손대지 않았다.

피터 린치는 매일 아침 출근시간에 새로 생긴 도넛 가게가 청결하고 친절한 데다 커피 맛도 좋아 유심히 관찰하다가, 가능성을 보고 도넛 가게의 주식을 사서 20배의 이익을 남겼는데 그것이 던킨 도넛이었다는 이야기를 예로 들면서, 자신은 소비자 입장에서 던킨 도넛의 성장 가능성을 느낄 수 있었다고 말했다.

또 한 사람의 전설적 투자자인 워런 버핏도 "자신이 이해하지 못하는 인터넷 주식은 사지 않는다."라고 말한 바 있다.

회사도 마찬가지다. 잘되는 회사는 지갑을 함부로 열지 않

잘되는 회사는 지갑을 함부로 열지 않는다.
지갑을 열 때는 이유를 분명히 알아야 한다.

는다. 이해되지 않는 신규사업에 함부로 돈을 넣지 않는 것이다.

1990년대 중반의 호황기에 모든 매스컴은 연일 미래사업, 첨단사업, 정보통신사업 관련기사를 실으면서 빨리 21세기행 열차를 타지 않으면 도태되고 만다며 떠들었다. 여기에 호황에서 축적된 자본과 2세 경영인들의 의욕이 맞물려 소위 '미래산업'에 엄청난 돈이 투자되었다. 그러나 결과는 그리 좋지 못했다.

잘되는 회사가 신규사업을 할 때 가장 중요하게 여기는 것은 외부의 거품이 아니라 회사에 그 사업을 이해하고 있는 사람이 있는가 하는 점이다. 안되는 회사가 신규사업을 할 때 가장 중요하게 여기는 것은 사업을 위한 자금조달이 가능한가이다.

지갑은 함부로 여는 것이 아니다. 지갑을 열 때는 이유를 분명히 알아야 한다.

3
잘할 수 있는 분야에서 한 우물을 판다

잘되는 회사는 잘할 수 있는 분야에서 최고가 되고자 한다.
안되는 회사는 사업은 벌리지만 무엇 하나 일등이 되지 못한다.

다양한 사업을 동시에 경영하는 것과 전문화된 특정분야에서 경쟁력을 확보하는 것 중에서 어느 것이 수익성이 높고, 장기적인 경쟁력 확보에 유리할까? 사실 많은 논란에도 불구하고 명확한 결론이 내려지지 않은 어려운 문제다.

일단 가능하다면 다양한 사업을 경영하는 것이 산업의 순환적 불황에 대응할 수도 있고, 특히 고도성장기에는 계속 부각되는 성장산업으로 재빨리 진출하기 용이하다.

그러나 경쟁이 치열해질수록 많은 분야에서 잘하기는 어렵다. 특히 중소기업은 인력과 돈에 제약이 많기 때문에 특정한 분야에서 전문화, 즉 한 우물을 파는 것이 유리한 경우가 많다.

1997년부터 급속히 진전되고 있는 개방화로, 국내시장에 대한 보호막이 점점 감소하고 있다. 앞으로 국내시장을 주요 시장으로 하는 회사도 수입품에 대한 경쟁력이 없다면 생존하기가 점점 더 어려워질 것이다. 이는 여러 분야에서 경쟁력을 유지하기가 더욱 힘들어진다는 것을 의미한다.

인삼 무역을 중심으로 해 조선 초기부터 우리나라에서 진정한 상인의 전통을 이어오고 있는 개성상인들에게 전해져 내려오는 몇 가지 원칙이 있다. 빚이 없고, 한 우물을 파며, 신용을 중시한다는 것이다.

개성상인들은 산업화 과정에서 기업가로 변신한 경우도 많은데, 화장품으로 유명한 태평양, 사무기기 전문인 신도리코를 비롯해 녹십자, 동양화학, 한국제지, 대한유화, 한국PILOT이 개성상인이 창업해 운영하고 있는 회사다. 이들 회사는 대규모 그룹은 아니지만, 내실이 있고, 부채비율이 낮으며, 무엇보다 한 우물을 파서 해당분야의 전문기업으로 탄탄하게 자리매김하고 있다.

특히 화장품 전문업체인 태평양은 에스티로더, 로레알, 샤넬, LVMH 등 유명 외국브랜드와 당당히 경쟁하고 있다. 1990년대 후반 화장품 시장 개방과 더불어 IMF 경제위기를 맞아 우리나라의 화장품 업계는 큰 타격을 입었고, 많은 회사가 위기에 봉착했다. 그러나 태평양은 강한 브랜드 파워와 탄탄한 유통망 등으로 오히려 시장점유율을 확대해 국내시장 부동의 1위를 굳혔다. 나아가 미국과 유럽 및 중국 등 해외시장 진출에 성공해 한류를 견인하고 있다.

등산화 전문업체인 K2코리아는 소위 사양산업이라고 하는 신발산업을 고부가가치 산업으로 재탄생시켰다. 2000년대 중반부터 급성장한 아웃도어 관련시장에서 K2코리아는 중고급 등산화 부문을 주도하고 있다. 이는 창업주가 30년 동안 1천 켤레가 넘는 수입 고급등산화를 분해하며 우리나라의 산에 맞는 등산화를 개발해온 결실이다.

능력에 넘칠 정도로 다양한 사업을 벌리기보다는, 잘할 수 있는 분야에서 한 우물만을 파는 회사가 장기적으로 잘되는 회사다.

4
본업에 충실하면서 사업을 확장한다

//

잘되는 회사는 본업에 충실하면서 사업을 확장한다.
안되는 회사는 사업을 확장하느라 본업을 망각한다.

1990년대 초반의 호황기에 우리나라 회사들은 활발하게 사업을 확장하고 있었다. 이때 많은 논란이 있었던 주제가 바로 '다각화인가, 집중화인가?'였다. 다각화 중에서도 '관련 다각화인가, 비관련 다각화인가?'에 논쟁의 초점이 맞춰졌다. 즉 회사가 사업을 확장하면서 어떤 사업에 진출하는 것이 성공 가능성이 높은지에 대해 좀더 체계적인 사고방식을 필요로 했던 것이다. 당시 금과옥조와 같은 이야기가 많이 오고 갔으나 뚜렷한 결론을 내리지는 못했다.

본업을 잊지 않고, 본업에 충실하면서
사업을 확장하는 회사가 잘되는 회사다.

그러나 분명한 것은 본업 외에 잘 모르는 사업에 투자했다가 실패한 경우가 많았다는 것이다.

제과가 본업인 해태가 중공업과 전자에 투자하다가 망한 경우, 시멘트가 본업인 쌍용이 자동차산업에 무리하다가 망한 경우, 섬유 유통이 본업인 대농이 중공업 등에 진출하다 좌초한 경우 등 그 사례는 부지기수다.

특히 제조업으로 성공한 후 금융업에 진출했다가 망하는 경우가 많았다. NIX청바지 하나로 크게 성공한 보성은 금융업에 진출하기 위해 나라종금을 인수했다가 본업까지 망한 대표적 케이스다. 현대그룹도 국민투신 인수가 그룹 경영악화의 큰 요인으로 작용했다.

금융업은 차가운 피cold blood가 필요한 사업이다. 제조업에선 도전정신이 강조된다면, 금융업은 의심 많고 차분한 성격이 필요하다. 그만큼 제조업과 금융업은 대조적인 사업이라고 할 수 있다.

본업을 잊지 않고, 본업에 충실하면서 사업을 확장하는 회사가 잘되는 회사다. 본업에서 번 돈으로 무리하게 잘 모르는 사업에 투자하는 회사는 어려움에 부딪칠 가능성이 크다.

5
고기를 낚고 싶으면 미끼를 준비한다

잘되는 회사는 고기를 낚기 위해 미끼를 일찌감치 준비한다.
안되는 회사는 미끼도 없이 그저 고기가 걸려들길 바란다.

"세상에 공짜 점심은 없다."라는 격언이 있다. 이는 증권시장이 있는 뉴욕의 월가에서 주식브로커들이 흔히 하는 말이다. 즉 비즈니스 관계에서는 알고 지내는 가까운 사이에 점심 한 끼 먹는 것도 서로 이유가 있다는 것이다.

단순히 친밀감을 확인하기 위해서 바쁜 세상에 한가하게 점심을 같이 먹을 사람은 없다. 다시 말해 증권정보라도 한마디씩 교환하려면 점심이라는 최소한의 미끼라도 준비하라는 말이다.

회사도 마찬가지다. 결과를 기대하기에 앞서 준비를 해야 한다. 물론 준비하지 않는 자에게도 행운은 온다. 그러나 이런 행운은 오래가지 못한다.

우리나라 벤처기업 1세대인 휴맥스는 고기를 낚기 위해 무려 10년을 준비했다. 휴맥스의 창업자인 변대규 사장은 1989년에 동료, 후배들과 함께 서울대 부근인 봉천동 낙성대 입구 뒤 조그만 사무실에 건인시스템이란 회사를 창업했다. 10년간 외주 개발, 노래방 기기 사업 등을 거쳐 디지털 셋톱박스 사업에 대한 기반을 닦아온 준비된 회사인 건인시스템은, 1998년부터 우리나라에 벤처기업 열풍이 불 때 대도약의 기회를 잡을 수 있었다.

벤처붐에 편승해 많은 벤처기업들이 급성장했으나, 준비되지 않은 상태에서 행운을 맞은 벤처기업들은 벤처거품이 꺼지면서 사라져버렸다.

회사의 사업은 로또 복권이 아니다. 로또 복권은 행운만 믿으면서 계속 살 수 있지만, 사업은 행운만 믿고 기다릴 수는 없다. 내가 행운만 믿고 기다리는 동안 경쟁자는 고기를 낚기 위한 미끼를 준비하고 있다는 점을 명심해야 한다.

6

창업시의 긴장감을 잊지 않는다

잘되는 회사는 몸집이 커져도 초창기의 긴장감을 유지한다.
안되는 회사는 조그만 성공에도 겉멋이 들기 시작한다.

회사의 수명은 몇 년일까? 많은 회사가 명멸하는 미국에서도 회사가 30년을 넘어 존속하기란 매우 힘든 일이다. 우리나라에서도 1970년의 '30대 회사' 중 지금 존속하고 있는 회사는 현대, 삼성, 럭키금성(현 LG) 정도다.

커다란 회사도 처음에는 작게 시작했다. 신생아가 세상에 처음 나왔을 때처럼 창업 초창기의 회사는 약하고 부서지기 쉽다. 초기에 개발한 제품으로 시장과 고객을 확보하기 위한 힘겨운 싸움을 벌인다. 자신보다 더 세고 더 큰 놈들이 시리

회사의 존속은 끊임없는 재창업의 과정이다.
시간이 흐르면서 시간도 고객도 제품도 변한다.

즈로 달려와서 괴롭히고 죽이려 한다. 경제는 차갑고 냉혹하고 살벌할 수밖에 없다.

이런 와중에 창업 초창기에는 극도로 높은 긴장상태를 유지하면서 필사적으로 살길을 찾는다. 불행히도 이 과정을 거치지 못한 회사는 도태되는 것이고, 다행히 살아남은 회사는 더 강하고 큰 놈들과 더 큰 싸움을 준비한다.

"빈천은 근검을 낳고, 근검은 부귀를 낳고, 부귀는 교사驕奢, 교만과 사치를 낳고, 교사는 음일淫逸, 방종과 나태을 낳고, 음일은 다시 빈천을 낳는다." 20세기 전반 중국에서 후흑학을 주창한 이종오의 부친이 남긴 교훈으로, 빈자가 부자가 되고 부자가 다시 빈자가 되는 인생유전의 핵심이 압축되어 있다.

빈천하다고 근검하기도 어렵지만, 부귀한 자가 교만 · 사치하지 않는 것은 더욱 어렵다. 교만의 핵심은 풍요로운 삶의 조건이 당연한 것이며 앞으로도 계속 유지될 것이라 믿고 소위 세상을 만만하게 보는 것이다. 달리 말하면 오늘날의 풍요가 자신의 능력이 아니라 빈천했던 앞선 세대들의 근검에서

비롯되었다는 점을 망각하고 긴장감을 상실하는 것이다

어제에 대한 망각이 오늘의 교만을 낳고 내일의 빈천으로 이어지는 것은 당연한 수순이다. 따라서 자수성가로 부귀해진 집안의 가장이 자식들에게 물려주어야 할 가장 중요한 유산은 빈천한 시절 근검의 정신이다. 수많은 재산도 유지할 능력이 없으면 한 순간의 물거품이 되고 만다. 반대로 재산이 없어도 올바른 정신을 물려주면 자식들은 나름대로 앞길을 헤쳐나가게 마련이다.

기업도 마찬가지다. 기업의 수명이 30년을 넘기기 어려운 것은 세상이 변하는 탓도 있지만, 성공이 주는 교만에 빠지는 것이 가장 큰 원인이다.

빈천한 태생의 창업주는 근검하게 사업을 일구면서 자연스럽게 내공이 쌓인다. 반면 다음 세대는 다르다. 빈천과 근검의 결과물인 재산은 물려받았지만, 재산의 원천이 된 빈천과 근검의 정신을 이어받지 못한 후계자는 부족한 내공으로 조직의 수장이 된다.

특히 유족한 환경에서 좋은 교육을 받고 성장한 창업주의 2세·3세들은 지식과 경력은 화려하지만, 비즈니스의 핵심인 승부의 세계에서의 냉혹함과 철저함을 갖추지 못한 경우가 허다하다. 교만에 빠져 세상을 만만하게 보고 덤벼들어 어설프게 행동하다가 다시 빈천으로 돌아가는 사례가 주변에도 흘러넘친다.

조직도 마찬가지다. 성공에 도취해 창업 초기의 긴장감을 망각하는 순간부터 내리막은 시작된다. 지속적으로 성공하는 조직의 공통점은 지속적인 긴장감의 유지다.

요즘 창업주 2세들에게 가장 부족한 것이 바로 창업시의 긴장이다. 이미 궤도에 오른 회사를 물려받은 입장에서 창업시의 정서를 이해하기란 어려울 수밖에 없다. 그러나 성공한 후계자가 되기 위해서는 이러한 긴장감을 이해하는 것을 회사경영의 출발점으로 삼아야 한다. 경영학 공부를 많이 하는 것보다 '경영의 공포'라고까지 표현되는 창업시의 절박한 심정을 이해하는 것이 회사경영의 핵심이다.

회사의 존속은 끊임없는 재창업의 과정이다. 시간이 흐르면서 시장도 고객도 제품도 변한다. 이러한 환경변화에 끊임없이 적응한다는 것은 상당히 어려운 일이다.

따라서 몸집이 커진 후에도 창업시의 긴장감을 유지하는 회사가 잘되는 회사다. 조그만 성공에 도취해 겉멋이 들기 시작한다면 언젠가는 망하기 십상인 회사라고 봐도 좋다.

7
끈질기게 노력하면서 운을 믿는다

잘되는 회사는 노력하면서 운을 바랄 뿐, 운에 기대지 않는다.
안되는 회사는 한두 번의 행운에 도취되어 계속 운을 바란다.

투자investment와 도박gamble의 차이는 무엇일까? 투자가 일정한 논리체계 속에서 합리적 선택을 하고 합리적 결과를 기다리는 것이라면, 도박은 단순한 확률체계에서 확률에 따른 결과를 기다리는 것이라고 할 수 있다.

한마디로 노력에 따라 결과에 영향을 받고 반복될 수 있으면 투자이고, 노력하지만 결국 요행에 의존할 수밖에 없다면 도박인 것이다. 주식투자 · 채권투자 · 부동산투자는 모두 투자다. 하지만 주택복권 · 로또는 도박이다.

회사를 경영하는 것은 투자이지 도박이 아니다. 그러나 투자라고 해서 노력에 따라 결과가 비례하는 것은 아니다. 매사가 그렇듯이 회사도 열심히 노력했는데 운이 따르지 않으면 망할 수 있고, 형편없는 회사도 운이 따르면 잘될 수도 있다. 회사의 운명도 운칠기삼運七技三이라고 하지 않았던가.

백금T&A란 회사는 매출액이 600억 원 수준이지만 미국 시장에서 차량용디텍터 부문 1위를 달리고 있다. 1996년 창업 후 사업을 확장하던 이 회사는, 유력한 일본 경쟁사가 불황의 여파로 부도가 난 데다 IMF 경제위기 시절에 자체공장 없이 하청생산 구조를 가지고 있던 국내 경쟁자들도 쓰러지면서 도약할 수 있었다. 이 회사의 창업자는 다음과 같이 말한다.

"한마디로 운이 좋았죠. 흔히 말하는 운칠기삼입니다. 그러나 그 기삼에 공을 쏟지 않았으면, 운칠은 따라주지 않았을 겁니다."

경제평론가로 유명한 공병호 박사가 인티즌 사장 시절에

우연한 행운에 도취되어 계속 운을 바란다면

회사는 어려움을 겪을 수밖에 없다.

한 이야기가 있다.

“학자의 입장에서는 현상을 분석하고 대안만 제시하면 충분했다. 그러나 경영자의 입장에서는 분석만 해서는 아무것도 안 된다. 대안을 실천하기만 해서도 부족하다. 무엇보다 경영자에게는 이 세상의 모든 사업이 망할지라도 내 사업은 성공할 수 있다는 자신감, 그리고 내게는 운이 따를 것이라는 믿음이 있어야 한다.”

미국의 워런 버핏 같은 성공적인 투자자의 50년에 걸친 투자성공담은 정확한 분석, 끊임없는 노력의 결과다. 행운이 한 번은 찾아올 수 있지만 50년 동안 계속 찾아오지는 않는 법이다. 잘되는 회사 또한 열심히 하면서 운을 믿는다. 그러나 자기확신이 있기에 운에 의존하지는 않는다.

한두 번의 행운에 도취되어 계속 운을 시험하지 말라. 행운이 10년 이상 지속될 수는 없다. 우연한 행운에 도취되어 계속 운을 바란다면 회사는 어려움을 겪을 수밖에 없다.

8

경쟁자를 압도하는 확실한 제품을 확실하게 판다

잘되는 회사는 가장 경쟁력 있는 제품에 역량을 집중한다.
안되는 회사는 확실한 제품이 없어 항상 경쟁에 취약하다.

1990년대 초반부터 우리나라의 대기업들이 국제적인 잡지에 기업광고를 많이 게재하기 시작했다. 이 시기에 대기업들은 주로 매출규모, 경공업에서 첨단산업에 이르는 사업구조, 섬유에서 조선에 이르는 넓은 제품군을 자랑스럽게 광고하곤 했다. 소위 '규모'를 자랑했던 것이다.

그러나 이런 현상을 보고 전략전문가들은, 모든 것을 잘하기보다 세계적인 수준의 경쟁력을 가진 핵심제품에 집중하는 것이 장기적인 생존조건이라고 지적하곤 했다. 이 지적은

1997년 경제위기와 2008년 글로벌 금융위기를 거치면서 우리나라 기업들이 사업재편을 실행하는 과정에서 현실화되고 있다.

잘되는 회사는 경쟁자를 압도하는 확실한 제품을 가지고 있고, 이 제품을 확실하게 판다. 소위 독자적인 브랜드 파워를 키우고 가장 경쟁력 있는 제품에 기업의 모든 역량을 집중하는 '선택과 집중'을 한다. 안되는 회사는 확실한 제품이 없고 어중간한 제품으로 승부하다 보니, 항상 경쟁에 취약하다.

사람들로 붐비는 식당의 특징은 메뉴가 단순하다는 점이다. 설렁탕, 곰탕, 순대국밥, 냉면에서 하다못해 짜장면, 짬뽕 하나라도 잘 만드는 식당은 늘 손님들로 북적인다. 반면 평범하고 특징 없는 식당일수록 메뉴가 많다. 인접메뉴도 아닌 짜장면과 냉면을 함께하는 식당이 맛집으로 부각되는 경우는 없다.

기업도 마찬가지다. 확실한 경쟁력을 가진 핵심제품이 있어야 가격경쟁에 휘말리지 않고, 확고한 시장지위를 바탕으로 지속적으로 이익을 내고 성장할 수 있다. 물론 월마트, 다이소, 저가항공사처럼 낮은 가격을 무기로 하는 경우도 있지만 이 역시 가격이라는 핵심요소에 집중하면서 기본적인 품질을 유지하기에 가능한 사업모델이다.

딜로이트 컨설팅 글로벌의 리서치 부문 대표인 마이클 레이너는 1966~2010년까지 미국 증권거래소 상장기업 2만 5천 개사의 45년간 재무자료를 분석해 장기간 탁월한 실적을 유지한 상위 1.4%에 해당하는 344개 기업의 특성을 도출했다. 탁월한 실적을 지속적으로 올린 기업들의 공통점은 첫째로 철저히 제품의 비非가격적 가치와 경쟁력을 높이는 전략을 우선시했고, 둘째로 원가절감보다는 비가격 경쟁력을 기반으로 시장을 확대하는 전략을 지속해서 추진했으며, 셋째로 흔들리지 않고 '비가격 경쟁력'과 '매출 우선'의 2가지 법칙을 고수했다는 점이었다.

잘되는 회사는 시장상황에 크게 영향을 받지 않고 팔 수 있는 확실한 제품을 가지고 있고, 이들 핵심제품에 회사의 역량을 집중한다.

9
무궁무진한 세계시장을 뚫는다

잘되는 회사는 넓은 시야를 갖고 세계시장 강자에 도전한다.
안되는 회사는 협소한 국내 경쟁자와의 싸움에만 골몰한다.

1960년대 초반부터 시작된 산업화 정책은 역사상 최초로 우리나라 기업의 시장개념을 세계로 확장시키는 전환점이었다. 비록 주요 수출품목은 가발 · 합판 · 섬유봉제 등 초보적인 경공업 제품이었지만, 협소한 국내시장에 한정된 수입품 대체 공업화가 아닌 넓은 해외시장을 목표로 하는 수출주도형 공업화를 지향했다는 점에서 사고를 변화시켰다.

당시 대부분의 경제전문가들은 국내용 제품도 제대로 만들지 못하는 형편에 해외시장에 한국산 제품을 팔겠다는 방향을 비현실적이라고 비판하고 냉소했지만, 이후 우리나라는 '한강의 기적'이라 불리는 산업화에 성공하며 세계 10대 무역대국으로 성장했다.

1938년 무역업으로 출발해 설탕과 밀가루, 양복지를 생산하던 삼성의 고 이병철 회장은 전자산업의 발전 가능성에 주목하고 1969년 일본 산요와 합작해 TV와 라디오를 생산하는 삼성전자 설립을 추진했다. 당시 전자공업협회 59개 회원사들은 제한된 수요의 국내시장에 삼성이 신규 진입하면 공급과잉으로 업계 전체가 어려움에 처할 것이며, 삼성전자의 합작조건인 85% 수출은 불가능하다고 주장했고, 일간지 광고까지 대대적으로 게재하면서 강력히 반대했다.

당시 여론도 삼성에 비판적이었으나 결과적으로 삼성전자는 설립되었고, 이후 전자산업 발전에 따라 반도체, LCD TV, 스마트폰으로 확장해 오늘날 연간매출 200조원 이상에 해외매출 비중이 90%를 상회하는 글로벌 기업으로 성장했다.

1960년대 당시 세계적 기업에 견주면 금성사(현 LG전자),

하찮게 보이는 제품일지라도 끊임없는 노력으로
세계적 경쟁력을 확보하고 세계시장 강자로
도전하는 기업이 잘되는 회사다.

현대자동차, 포항제철(현 포스코) 등도 변방의 하찮은 중소기업에 불과했지만, 수출주도형 공업화로 사업의 시야를 협소한 국내시장이 아닌 넓은 해외시장으로 확장하는 사고의 전환을 이룸으로써 오늘날 글로벌 기업으로 성장할 수 있었다.

잘되는 회사는 세계를 염두에 두고 시장을 넓게 정의하고 사업을 한다. 세계시장이라고 해서 대기업만 도전할 수 있는 것은 아니다. 하찮게 보이는 제품에서도 세계적 경쟁력을 갖추고 세계시장을 호령하는 중소기업을 우리나라에서도 많이 찾아볼 수 있다.

세계 모자시장은 영안모자, 다다C&C, 유풍실업 등 우리나라 기업이 지배하고 있다. 1만 개가 넘는 것으로 추정되는 전 세계 모자 생산업체 가운데 저가 행사용(프로모션) 모자는 중국업체가 우위를 차지하고 있지만 브랜드 모자(나이키, 리복 등의 상표가 붙은 모자)나 라이선스 모자(NFL, NBA, NHL, MLB 등 미국 4대 스포츠리그 표시가 붙은 모자) 분야에서는 국내 기업 제품이 주도하고 있다.

보잘것없어 보이지만 복잡한 공정을 거쳐야 생산되는 손톱깎이 분야도 우리나라의 쓰리세븐과 벨금속공업이 최강자다. 저렴한 중국산 제품이 저가 생활용품 시장을 휩쓰는 가운데 드물게 선전하는 품목으로 세계 시장 점유율 50%를 유지하고 있다. 이외에도 홍진HJC의 오토바이 헬멧, 오로라월드의 캐릭터완구, 락앤락의 냉장고 보관용기, 오리온의 초코파이, 팔도의 용기라면 도시락 등 다양한 제품이 세계시장을 주도하고 있다.

독일의 컨설턴트 헤르만 지몬이 저술한 『히든 챔피언』에는 독일의 다양한 초우량 중소기업들이 소개되어 있다. 크로네스, 바이니히, 하우니, 힘멘, 베바스토와 같은 독일기업은 알려지지 않은 중소기업이지만 모두 자기분야에서 세계 최고이고, 세계시장 점유율은 60~80%이며, 세계 2위의 경쟁자보다 4~5배는 강하다고 평가받고 있다.

독일에는 이러한 기업이 약 300개 정도가 있다. 예를 들어 하우니Hanuni는 고속담배제조기계 시장을 석권하고 있으며,

세계시장 점유율은 90%이다. 바더Baader는 생선가공기계의 세계시장 점유율이 90%이다. 힐레브란트Hillebrand는 세계최대포도주 전문운송기업으로, 세계 포도주의 60%는 이 회사가 운반한다.

잘되는 회사는 넓은 시야를 가지고 세계시장에 도전하는 기업이다. 하찮게 보이는 제품일지라도 끊임없는 노력으로 세계적 경쟁력을 확보하고, 세계시장 강자에 도전하는 기업이 잘되는 회사다. 안되는 회사는 협소한 국내시장에 만족해하며 국내 경쟁자와의 싸움에만 골몰하는 기업이다.

10
가진 것이 없기 때문에 할 수 있는 것을 찾는다

잘되는 회사는 가진 없이 없기에 더더욱 아이디어를 짜낸다.
안되는 회사는 가진 것이 없다는 푸념만 늘어놓는다.

아이러니하게도 불황일 때 오히려 훌륭한 마케팅 전략이 탄생한다. 호황이면 그냥 둬도 잘되기 때문에 구태여 고민하지 않는다. 하지만 불황일 때는 회사의 사활이 걸려 있기 때문에 혼신의 힘을 기울여 살아있는 마케팅 전략을 짜내기 때문이다.

국가의 경우를 보더라도 자원이 없는 나라에서 기술이 발달한 경우가 많다. 스위스의 경우, 과거에는 남자들이 유럽 전역에 용병으로 취업해 겨우 입에 풀칠이나 하던 나라였다.

지금까지도 로마교황청의 근위병은 스위스 출신으로 하는 전통이 남아 있을 정도다. 하지만 근대로 들어와 국민병 제도가 발달하면서 돈줄이 말라버린 스위스는 대신 정밀기계공업을 발달시켜 선진국으로 도약했다.

독일에서는 물이 좋지 않기 때문에 맥주가 발달했다. 우리나라도 자연자원이 부족했기 때문에 역설적으로 양질의 인적자원을 풍부히 가질 수 있었다.

이랜드는 사업 초창기에 비싼 임대료를 내고 창고를 구할 처지가 아니었다. 따라서 재고를 줄이는 데 회사의 사활을 걸다시피 할 수밖에 없었다. 쌓아둘 곳이 없으니 재고를 줄이는 것 이외에는 방법이 없었던 것이다. 또 넓은 사무실을 유지할 형편이 되지 않아 좁은 공간을 활용하기 위해 아이디어를 짜내야 했다. 특별한 작업공간이 없었기 때문에 어느 부서에서 물건을 포장할 때는 부서 간 칸막이를 밀어내고 간격을 조정해서 칸막이로 활용했다.

이러한 경험은 오히려 이랜드 성장의 큰 자산이 되었다.

잘되는 회사는 가진 것이 없는 것을 한계로 생각하지 않고,
가진 것이 없기 때문에 할 수 있는 것을 찾는다.

재고를 필사적으로 줄이다보니, 낮은 재고 수준에서 판매할 수 있는 방법을 터득하게 되었고, 좁은 사무실을 활용하다보니 공간을 효율적으로 이용할 수 있는 나름의 노하우가 쌓이게 된 것이다.

이랜드의 박성수 사장은 나중에 '2001 아울렛'이라는 유통사업을 전개하면서, 좁은 공간을 효율적으로 배치하고 활용하는 데 초창기의 경험이 큰 도움이 되었다고 회고했다.

잘되는 회사는 가진 것이 없는 것을 한계로 생각하지 않고, 가진 것이 없기 때문에 할 수 있는 것을 찾는다. 그리고 이것이 경쟁력이 된다.

11
거래처와 협력업체의 성공을 진심으로 기뻐한다

잘되는 회사는 대리점과 납품업체가 잘되는 것을 기뻐한다.
안되는 회사는 대리점과 납품업체의 고혈을 빨아 먹는다.

다른 사람이 잘되는 것을 기뻐하는 이유는 내가 잘되기 위해서다. 비즈니스 세계에서는 다른 사람이 못되고 내가 잘되는 것이 일시적으로는 가능할지 모르지만, 장기적인 성공을 보장하지는 못한다.

세계적인 패스트푸드 체인업체인 맥도날드는 체인점이 잘되도록 도와주는 독특한 시스템을 갖추고 있다. 점포를 직접 장기임대해서 개발한 후에 오히려 싼 가격으로 재임대를 해줘 체인점이 안정적으로 채산성 있는 영업을 할 수 있도록 도와주는 것이다.

부동산 가격이 상승하는 경우가 많아 본사도 큰 이익을 보곤 했다. 단기적으로는 체인점이 잘되도록 희생적으로 도와준 셈이지만 장기적인 안목에서도 스스로 적절한 부동산 투자를 해나가는 기법을 구사한 것이다.

또한 맥도날드의 대리점에서는 아르바이트 학생 몇 명만으로도 운영이 가능하도록 본사에서 지도해준다. 결국 대리점주는 현금 관리만 하면 되고, 대리점 관리 자체는 본사에서 제공하는 노하우대로 믿고 따르기만 하면 된다. 즉 본사에서는 대리점을 100% 내 식구로 생각하고 수십 년 동안 쌓아온 노하우를 전수함으로써 아무런 자본관계가 없는 대리점을 내 식구로 만들어나가는 것이다.

이랜드가 1990년대 초기에 급성장할 때 대리점을 운영해보겠다는 사람들이 몰려들었다. 당시 이랜드 점포를 운영하면 반드시 돈을 번다고 소문이 났기 때문이다. 이랜드가 대리점의 이익을 철저히 생각했기 때문에 그런 소문이 났다고 볼 수 있다. 실제로 반품은 모두 받아주었고, 점포 전개에서도 엄격한 기준을 적용해서 시간이 걸리더라도 철저히 장사가 될 수 있는 점포만 개점하도록 했던 것이다. 당시만 하더라도 대리점의 반품은 생각하기 힘들었고, 대리점 개점 후 장사가 안 되더라도 본사는 내 일이 아니라는 식의 태도가 일반적이었다.

삼성전자의 경쟁력의 원천은 여러 가지가 있겠지만, 협력업체인 납품업체 관리도 중요한 요인으로 이야기된다. 삼성에 납품하는 것이 가장 어렵기도 하지만 쉽기도 하다는 것이다. 어렵다고 하는 것은 품질, 납기, 단가를 맞추기 어렵다는 것이고, 쉽다고 하는 것은 품질, 납기, 단가만 맞추면 다른 것은 크게 신경 쓰지 않아도 된다는 것이다.

삼성전자가 협력업체에 대해서 가혹한 조건을 강요하는 것이 단기적으로는 협력업체를 힘들게 했을지 모르지만, 장기적으로는 삼성전자와 협력업체가 같이 경쟁력을 가지는 큰 요인이 되었다.

잘되는 회사는 대리점이나 납품업체가 잘되는 것을 기뻐한다. 마음이 좋아서가 아니라, 자기가 잘되기 위해서라는 긴 안목을 가지고 있기 때문이다.

반면에 안되는 회사는 대리점이나 납품업체의 피를 빨아 자기만 잘되려고 한다. 그러나 결국 함께 망하는 경우가 많다.

12

물건을 팔지 않고 그 이상의 가치를 판다

잘되는 회사는 단순한 장미가 아닌 사랑이라는 감정을 판다.
안되는 회사는 장미는 그저 장미일 뿐, 물건만 팔려고 한다.

"오늘 딸기는 산지에 비가 와서 평소보다 덜 달고, 조직이 다소 무릅니다. 수박과 참외는 아직 제철이 아니어서 덜 답니다. 구입에 참조하십시오."

이런 말이 백화점 과일매장에 붙어 있으면, 도대체 이 물건을 사라는 것인지, 사지 말라는 것인지 헷갈릴 것이다. 그러나 이는 현대백화점의 식품매장에 실제로 걸려 있는 안내문이다.

이 백화점은 단순히 딸기를 파는 것이 아니라 신뢰를 파는 것이다. 즉 단순히 팔고 보자 식이 아니라, 때로는 약점을 과감하게 공개해서라도 고객의 합리적 구매를 돕자는 것이다.

"전 세계 어디서나 30분 이내 배달, 30분을 넘으면 피자값을 받지 않는다."라는 정책으로 유명한 도미노피자는 피자를 파는 것이 아니라 '전 세계 어디서나 주문 후 30분 내에 피자를 먹을 수 있다.'는 확실함을 판다.

너무나도 평범한 상품인 커피를 아주 매력적인 상품으로 바꿔 대성공을 거둔 스타벅스는, 하워드 슐츠 회장이 스타벅스를 커피를 파는 곳이 아니라 '도시생활에서 로맨스와 서로의 정서적 공감을 나누며 어울릴 수 있는 분위기를 파는 곳'으로 정의하고 독특한 마케팅 전략을 펼침으로써 성공할 수 있었다.

월트디즈니는 사람들의 꿈을 판다. 아르마니, 프라다, 테스토니, 샤넬 등 소위 명품업체들은 구두와 양복을 파는 것이 아니라 이탈리아의 이미지와 품격을 판다. TGI 프라이데이는 미국 스타일의 음식을 파는 것이 아니라 왁자지껄하고 즐거운 가족적 분위기를 판다.

잘되는 회사는 돈을 벌기 위해서 사람을 연구한다.
그럼으로써 사람이 물건을 살 때 느끼는 근본적인 감정을
파악하고 이 감정을 파는 것이다.

1990년대 초반 소련이 붕괴하면서, 동유럽에도 자본주의의 물결이 밀려들었다. 루마니아에서는 코카콜라 한 병 값이 노동자의 며칠 일당과 맞먹을 정도로 비쌌다. 그런데도 콜라는 엄청나게 팔려나갔고, 일주일에 한 번씩 모여 콜라를 먹는 모임까지 생겨날 정도였다. 이는 서구문화에 접하고 싶지만 쉽지 않은 여건에서, 콜라를 마신다는 행위 자체가 서구문화와 접촉하고 있다는 심리적 만족감을 주기 때문이었다.

잘되는 회사는 단순히 물건을 판다고 생각하지 않고, 물건 이상의 그 무엇을 판다. 잘되는 회사는 돈을 벌기 위해서 사람을 연구한다. 그럼으로써 사람이 물건을 살 때 느끼는 근본적 감정을 파악하고, 이 감정을 파는 것이다.

그러나 안되는 회사는 사람들의 근본적 감정보다 가격, 외형, 맛 등 물건의 속성에만 집중하는 협소한 시각을 가지고 있다.

13
고객을 만족시키는 것이 곧 돈 버는 것임을 안다

잘되는 회사는 고객을 만족시켜 돈을 벌고자 한다.
안되는 회사는 고객은 보지 못하고 돈만 보려고한다.

잘되는 회사는 항상 사고의 출발점을 고객, 즉 사람으로 생각한다. 사람을 만족시키는 방법을 아는 것이 돈을 버는 것이라고 확신하는 것이다. 하지만 안되는 회사는 기술이나 제품에 파묻혀 사람을 보지 못한다.

어떤 소프트웨어 회사가 생각해낼 수 있는 모든 기능을 갖추었으나 사용하기 불편한 프로그램을 개발했다. 개발한 엔지니어는 왜 고객들이 유치한 프로그램을 좋아하고 자기 제품이 안 팔리는지를 이해하지 못한다. 이는 사람을 이해하려고 하지 않고, 제품에만 집중한 경우다.

일본의 대표적 자동차 회사였으나 1999년에 무려 2조 1천억 엔의 부채에 연간 이자비용 1천억 엔으로 파산위기에 몰렸던 닛산자동차도 기술중시 문화가 가져온 대표적인 문제 사례로 이야기된다.

'기술의 닛산'이라고 하는 슬로건이 보여주듯 1990년대 중반까지 닛산은 기술이 가장 뛰어난 자동차 회사로 평가되었다. 그러나 기술중시 문화가 지나친 나머지 '기술은 앞서 있으나 소비자가 사지 않는 자동차를 만드는 회사'가 닛산의 이미지가 되어버렸다. 즉 자동차를 타는 사람은 무시되고, 자동차를 만드는 기술이 그 자리를 차지한 것이다.

닛산은 2000년에 프랑스 르노그룹에 편입되고, 브라질 출신의 카를로스 곤 사장이 구원투수로 투입되면서, 철저한 구조조정과 고객중심 제품기획을 통해 재기에 성공했다.

잘되는 회사의 목표는 사람이다. 즉 사람이 스스로 지갑을 열도록 하는 방법을 생각한다. 돈을 번다는 것은 돈을 쓰는 사람을 만족시키는 것, 그 이상도 이하도 아니다.

기상천외한 '쓰레기봉투 시장조사'로 성공한 사례가 있다. L마트 할인점의 서울 강북지역 점장은 매장 개장 한 달 전부터 인근지역 아파트의 쓰레기봉투를 수거해 낱낱이 조사를 했다. 기저귀, 세제 등 생활용품이 담긴 쓰레기봉투는 지역주민들의 소비성향과 소득수준을 가장 잘 나타낸다고 보고, 사람들이 선호하는 제품을 진열하기 위해서였다.

그 결과 이 점포는 개점 몇 달 만에 30여개 점포 중 매출이 5위 안에 드는 우량점포로 자리 잡을 수 있었다고 한다. 할인점을 이용하는 사람을 만족시키기 위해 '쓰레기봉투 뒤지기'라는 기발한 방법을 동원한 것이다.

그러나 안되는 회사는 돈을 쓰는 사람보다는 엔지니어의 자부심, 제품의 완성도, 경영진의 허영을 만족시키려는 경우가 많다. 안되는 회사의 사고의 출발점은 사람이 아니라 돈이다. 돈을 벌기 위해서 고객을 이용한다고 생각한다.

14
최초의 3분간 고객을 실망시키지 않는다

잘되는 회사는 고객과 만나는 최초의 3분을 중히 여긴다.
안되는 회사는 전화가 아무리 울려도 다들 자기 일만 한다.

회사의 외부인이 처음으로 회사와 접촉하는 접점은 대부분 전화다. 어떤 회사에 전화했는데, 전화를 잘 받지 않거나, 전화응대가 형편없을 때 그 회사에 대한 인식은 당연히 나빠질 수밖에 없다.

특히 직원과 통화는 되었는데 담당자를 모르겠다거나 자신은 모르는 일이라는 식의 대답을 들으면, 다시는 그 회사의 물건을 사지 않겠다는 다짐을 저절로 하게 된다. 전화를 제대로 받는 기본자세가 되지 않은 상태에서 고객만족경영을 운운하는 것은 말이 되지 않는다.

고객만족경영을 한마디로 요약하면, 직접 제일선에서 일하는 사원과 고객의 접점을 가장 중요한 순간으로 보고 어떻게 하면 그 순간에 고객에게 만족을 줄 수 있을까를 생각하는 경영방식이다.

1980년대 초 유럽의 스칸디나비아 항공사SAS가 전개한 회생전략의 성공이 좋은 예다. 당시 신임 사장으로 발탁된 얀 칼존 사장은 업적 부진 타개책을 고객들이 가장 먼저 접하게 되는 프론트라인front line의 혁신에서 찾았다.

얀 칼존 사장은 "최초의 3분이 우리의 운명을 결정한다."라고 선언했다. '최초의 3분'이란 고객이 SAS의 창구에 처음 찾아와서 직원에게 항공여행에 대해서 물어보는 3분간의 시간이고, 이때 고객을 사로잡지 못하면 그 고객은 다시 SAS를 찾지 않는다는 것이다. 따라서 SAS의 회생전략은 무엇보다도 최초의 3분간 고객을 응대하는 방식에서 혁신을 이루어내는 것에서 출발해야 한다는 것이 그의 생각이었다.

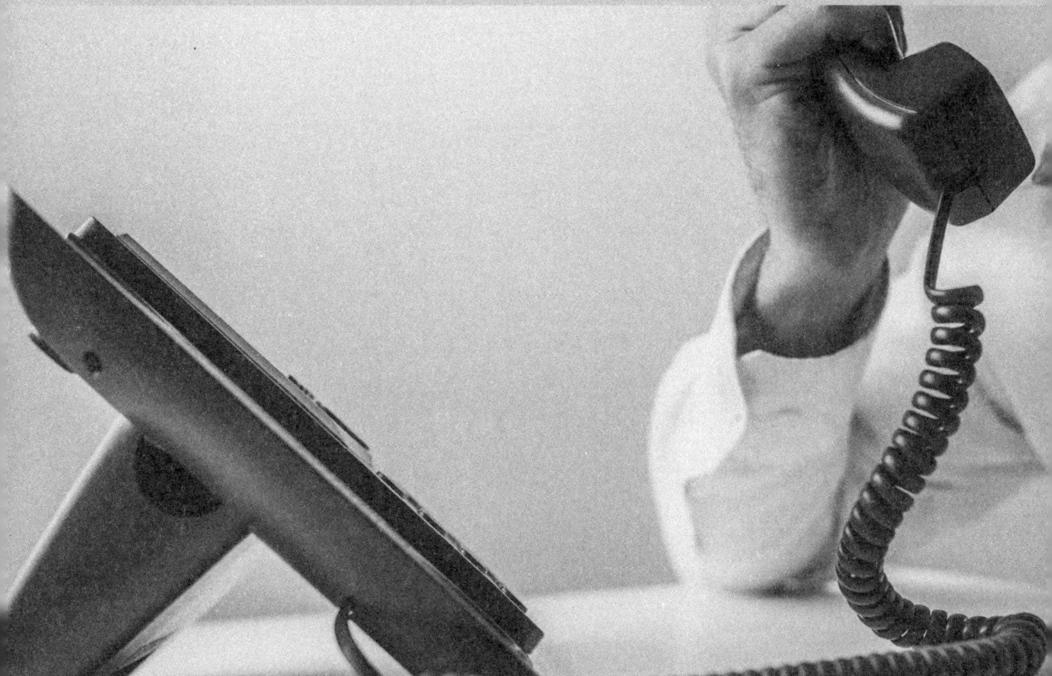

전화가 여러 번 울려도 받는 사람이 없는 회사는
이미 프론트라인 서비스에서 실패한 회사다.

SAS 항공의 회생이 계기가 되어 '최초의 3분'의 사례는 경영학계에 고객만족경영이라는 새로운 화두로 떠올랐고, 다른 회사들도 고객과 프론트라인의 중요성을 깨달아 프론트라인 서비스를 혁신하는 계기가 되었다.

전라남도는 조직개편에 따른 정원초과 공무원을 정리하면서 전화 친절도 평가 최저순위에 2회 이상 포함된 공무원들을 면직했다. 면직된 직원들은 전화 친절도 등이 공무원의 직무 능력 평가기준이 될 수는 없다며 면직처분 취소청구소송을 냈는데, 2003년 대법원에서는 면직 처분이 정당하다고 판결했다. 대법원은 행정 또한 서비스이므로 전화 친절도는 당연히 직무의 주요 요소라는 판단을 내린 것이다.

하물며 일반기업이라면 고객의 전화를 받는 친절도는 아무리 강조해도 지나치지 않다. 전화가 여러 번 울려도 받는 사람이 없는 회사는 이미 프론트라인 서비스에서 실패한 회사다. 고객과의 접점에서 가장 중요한 전화응대에 실패한 회사에 만족할 고객은 없다.

15
기업가 정신 뒤에 합리성이라는 원군이 있다

잘되는 회사는 '할 수 있다' 뒤에 합리성을 불어넣는다.
안되는 회사는 '할 수 있다'는 구호만 공허하게 외친다.

현대그룹 창업주인 고 정주영 회장만큼 우리나라 경제성장의 신화를 대변하는 사람도 드물 것이다. 정 회장과 관련된 일화가 많지만 특히 울산에 조선소를 세우면서 첫 수주를 했던 이야기는 너무나도 유명하다.

울산의 허허벌판에 이제 막 조선소를 짓기 시작하면서 영국 선사에서 발주를 받기 위해, 정 회장은 출장을 갔다. 영국 선사 사장과 만난 자리에서, 정 회장은 당시 거북선이 그려진 500원짜리 지폐를 보여주면서 한국에는 400여 년 전부터 배를 건조한 역사가 있다고 말했다. 그랬더니 영국 선사에서 흔쾌하게 발주를 해주었다는 이야기다.

정 회장다운 통쾌함과 기지가 넘치는 대목이다. 그러나 이 일화 뒤에 또 다른 숨은 이야기가 있었다는 것을 이명박 당시 사장이 정 회장 사후에 한 인터뷰에서 밝힌 바 있다. 영국 선사의 사장을 면담하기 전에 현대 측은 상대방의 발주 가능성, 발주 희망가격, 인도 시기, 기타 요구조건 등에 대해 치밀한 분석을 했었고, 비록 조선소를 짓고 있는 상태에서도 발주 가능성이 충분하다는 판단을 했었다는 것이다.

당시 500원짜리 지폐 이야기가 협상을 부드럽게 한 것은 사실이지만, 실제 성공요인은 치밀한 사전준비였던 것이다. 정 회장만큼 '하면 된다' 정신이 투철한 사람도 없었지만, 동시에 정 회장만큼 '사업가적 합리성'을 갖춘 사람도 드물었던 것이 사실이다.

'하면 된다'라는 기업가 정신 없이 성공할 수 있는 회사는 없다. 그러나 합리성이라는 원군이 없다면 성공을 지속할 수도 없다. 잘되는 회사는 소위 "Can Do Spirit!"이 있으되, 합리성을 유지한다. 안되는 회사는 "Can Do Spirit!"만 공허하게 외칠 뿐이다.

16
산골에서 생선 장사를 하는 역발상의 내공이 있다

잘되는 회사는 관행을 과감히 깨는 역발상을 시도한다.
안되는 회사는 늘상 관행을 개선하려고 애쓰기만 한다.

성공한 기업가들은 모두 창의적인 사람들이다. 남들이 하는 것을 따라 하기보다는, 남들이 하지 않는 것을 시도해 보거나, 남들이 하는 것을 다른 방식으로 해본다. 소위 역발상의 내공이 있는 것이다.

바다라고는 찾아 볼 수 없는 산골이라면 농산물, 과일 장사를 하는 것이 일반적이다. 그러나 산골에서 전국을 상대로 생선 장사를 하고, 나아가 해외수출까지 한다면 놀라운 일이 아닐 수 없다. 이런 역발상의 재치가 돋보이는 것이 바로 안동 간고등어 사업이다.

안동은 예로부터 경상북도 내륙지방의 양반마을로 알려진 곳이다. 근처에 바다가 없어 싱싱한 수산물을 구경하기 어려웠고, 기껏 소금에 절인 고등어를 먹을 수 있는 것이 고작이었다.

안동사람이 부산에 가서 부산사람과 이야기를 하면서, 부산사람이 갈치, 광어, 도다리 등의 생선 이야기를 하는데, 먹어본 생선이 없는지라 혹시 간고등어 먹어봤냐고 물어보았다. 부산사람이 간고등어가 무엇이냐고 묻기에 "간고등어도 못 먹어봤으면 생선 이야기 할 자격도 없다."라고 대답했다는 우스갯소리가 있을 정도다. 사실 간고등어는 부패하기 쉬운 고등어를 내륙에서 먹기 위해서 만들어진 고육책일 뿐이었다.

그러나 간고등어는 안동지방의 특산물로 만들어져 전국적인 브랜드로 자리를 잡았고, 해외교민을 주요대상으로 미국·일본·남미까지 수출하면서 안동의 최대산업으로 부상했

성공한 기업가들은 모두 창의적인 사람들이다.
남들이 하는 것을 따라 하기보다는, 남들이 하지 않는 것을
시도해 보거나 남들이 하는 것을 다른 방식으로 해본다.

다. 생선 한 마리 나지 않는 내륙지방에서 가공한 소금에 절인 고등어를, 싱싱한 고등어를 먹을 수 있는 도시사람들에게 싱싱한 고등어보다 높은 가격에 팔고 있는 역발상의 사업을 하는 것이다. 생선 맛을 제대로 안다고 하는 부산, 인천에서 오히려 인기가 있는 역설적인 상황이 믿어지지 않을 정도다.

백세주로 유명한 국순당도 역발상의 재치가 돋보이는 회사다. "술은 몸에 해롭다."라는 생각에 맞서, "백세주는 보약이다."라는 역발상으로 파고들어 히트를 친 것이다.

잘되는 회사는 역발상의 재치가 있고, 관행을 다른 관점에서 바라볼 줄 안다. 그러나 안되는 회사는 관행을 개선하려고 애쓰기만 한다.

2장

사소한 변화에
목숨 걸지 않는다

17
구조조정은 호황기에 한다

잘되는 회사는 호황기에 구조조정을 해 불황에 대비한다.
안되는 회사는 불황기에 구조조정을 한다고 뒷북을 친다.

21세기에 부상한 신흥종교(?) 중 하나가 바로 다이어트다. 다이어트의 목적이 무리한 살빼기가 아니라 균형 잡힌 몸매와 건강한 신체의 유지에 있다면, 다이어트를 꾸준히 하는 사람은 식욕을 조절하고 적절한 운동을 통해 건강을 유지하는, 즉 절제력 있는 사람일 가능성이 높다. 선진국에서도 하류계층의 외형적 특징이 뚱뚱한 몸매와 담배를 피우는 것이라고 하지 않던가.

그렇다면 다이어트는 언제 해야 하는가? 다이어트는 건강할 때 해야 한다. 몸이 아플 때는 다이어트가 아니라 충분히 먹어서 일단 원기를 회복해야 할 것이다. 건강을 잃고 나서 건강을 찾으려고 무리하게 다이어트를 한다면 병원에 실려 가기밖에 더하겠는가. 하지만 문제는 건강할 때 다이어트를 시작하기가 좀처럼 쉽지 않다는 데 있다.

회사도 마찬가지다. 잘되는 회사는 다이어트, 즉 구조조정을 호황기에 해서 닥쳐올 불황기에 대비한다.

호황기의 회사는 매출도 오르고, 이익도 많이 난다. 많은 회사들이 사업을 확장하기 때문에 인력수요도 많아서, 사람들이 직장을 구하기도 쉽다. 따라서 명예퇴직을 시켜도 사람들의 반발이 적다. 거기에다 생산설비를 매각하려 해도 높은 값을 받을 수 있다. 즉 호황기에는 구조조정을 쉽게 할 수 있는 것이다. 그러나 말은 쉽지만 호황기의 구조조정은 큰 용기와 판단력을 요구하는 어려운 결단이다.

삼성전자의 반도체와 LCD사업이 초호황을 보이던 2000년과 2001년에, 경영진이 잘나갈 때를 더 경계해야 한다고 말한 이유를 생각해보면 이를 잘 알 수 있다. 당시 삼성전자의 화두는 "돈을 벌어라."가 아닌 "사업을 찾아라."였다. 즉 지금 돈을 벌고 있는 사업에 흥분하지 말고 차분히 다음 10년을 먹고 살 사업을 찾고자 한 것이다.

그러나 안되는 회사는 호황기에 사업을 엄청나게 확장하다가 불황기에 부랴부랴 다이어트를 한다. 사람이든 회사든 건강하지 않은 시점의 다이어트 결과는 병원에 실려 가는 것밖에 없다. 회사가 병원에 간다는 것은 무엇인가? 법정관리나 은행관리에 들어가서 주사기 꽂고 사망선고를 기다리는 것이 아니고 무엇이겠는가?

18
소박한 사무실을 자랑스러워 한다

잘되는 회사는 남에게 보이는 위한 겉멋보다 내실을 중시한다.
안되는 회사는 규모에 비해 사무실이 크고 화려하다.

여러 회사를 돌아보면 사무실은 그야말로 천차만별이다. 단정적으로 이야기하면, 분에 넘칠 정도로 고급스럽고 화려한 사무실을 가진 회사는 문제가 있는 회사다.

반면에 소박하지만 정리가 잘 되어 있는 사무실을 가진 회사는 잘되는 회사다. 잘되는 회사는 직원들이 소박한 사무실을 자랑스럽게 생각한다. 이는 겉멋보다 실질을 중시하는 문화가 뿌리내리고 있다는 증거다.

물론 사무실이 번듯해야 장사가 되는 업종도 있다. 금융기관, 컨설팅 회사 등이 대표적이다. 이런 업종은 일단 고객에게 전문적인 이미지와 신뢰감을 주지 않으면 이야기가 되지 않기 때문이다.

하지만 일반기업은 다르다. 분에 넘치게 좋은 사무실은 이 회사가 돈을 제대로 쓰고 있지 않다는 반증이 될 뿐이다. 즉 금융기관이나 컨설팅 회사는 생산 시설이 없는 데다가, 사무실에 대한 투자는 일반기업의 공장건축에 비할 수 있을 정도의 필수투자다. 그러나 생산시설을 유지하는 일반기업에게 사무실은 단순한 업무공간으로, 직원들이 불편하지 않게 일을 할 수 있으면 충분하다.

1990년대 중반 애널리스트로 근무할 당시, 악기 업종의 두 회사를 연이어 방문한 적이 있었다. 첫 번째 방문 회사는 창업자의 2세가 유학을 마치고 귀국해 열정적으로 사업을 펼치고 있었다. 아니나 다를까, 규모와 업종에 비해 사무실이 크고 화려한 데다, 특히 사장실의 인테리어는 웬만한 대기업을 능가하는 수준이었다. 두 번째 회사는 창업주가 사장이어서

소박하지만 정리가 잘되어 있는
사무실을 가진 회사는 잘되는 회사다.

그런지, 사장실이 일반 사무실과 구분이 안 갈 정도였다. 첫 번째 회사는 그 후 부도가 났고, 창업주 일가가 경영에서 물러나야 했다.

우리나라에서 상도商道의 전통 맥으로 흔히 개성 상인을 꼽는다. 이들의 공통점 중 하나가 검소함인데, 태평양의 경우 창업주의 사무실 집기는 평균 20년을 넘게 쓴 것들이다.

하지만 IMF 이후 벤처 거품이 한창일 때 소위 대박을 터뜨린 수많은 벤처 기업가들은 서울 강남에 미국 투자은행 수준의 사무실과 사장실을 꾸몄다. 그 후 그 회사들의 실상이 어떻게 드러났는가를 생각해보자.

회사 규모에 비해 일반적인 상식을 초월하는 고급스러운 사장실을 가지고 있다면, 그 회사는 조폭이나 사기꾼이 운영하는 회사라고 보아도 무방하다.

19
사소한 변화에 목숨 걸지 않는다

잘되는 회사는 장기간 꾸준히 본질적인 변화를 추구한다.
안되는 회사는 우왕좌왕 목표 없이 겉모습만 자꾸 바꾼다.

환경이 변하니 회사도 직원도 변화해야 살아남는 세상이 되었다. 매일 지겹도록 듣는 소리 중 하나가 "변화, 또 변화"일 것이다. 모든 회사가 변화를 외치지만, 역설적으로 변화하는 회사는 많지 않다. 이는 변화의 중요성은 들어서 알지만 변화의 방향성이 없기 때문이다. 그러니 변화하자는 말에 변화의 구체성을 담을 수 없는 것이다.

변화의 방향성이 없을 때, 회사는 우왕좌왕하거나 사소한 변화에 만족할 수밖에 없다. 변화가 무엇인지도 모르는 회사는 이미 망했을 것이다. 변화의 중요성은 알지만, 어떤 변화가 필요한지를 모르는 회사는 이미 망해가고 있는 것이다.

안되는 회사는 변화해야 한다는 강박관념은 있으나, 변화의 방향성을 모르기 때문에 사소한 변화에 집착한다. 비용절감 운동을 하면서 이면지 사용에 목숨 걸거나, 30분 일 더하기 운동 따위를 하면서 출근시간을 앞당기는 등 실체도 없는 좋은 직장 만들기 운동을 열심히 하는 것이 대표적인 경우다.

잘되는 회사는 변화를 추구하되 시간을 두고 본질적 변화를 추구한다. 핵심제품과 핵심기술의 시장수명주기를 파악해 차세대 핵심제품을 준비하거나, 핵심업무 프로세스의 문제점을 파악해 근본적인 개선을 시도한다.

한국의 대표기업이 된 삼성전자는 1994년부터 신경영을 앞세우고 10년을 내다보았다. 개인용 컴퓨터가 이제 막 보급되던 시기에 개방화, 복합화, 질 위주 경영을 내걸고 21세기 초일류기업을 추구했다. 초기에는 비난과 질시도 많았지만, 그로부터 20년 후 삼성전자가 서 있는 자리를 보면 본질적 변화가 무엇을 뜻하는지 알 수 있다.

본질적인 변화를 유도하는 것은 장기간이고, 고통스러우며, 잘 드러나지 않는 작업이다. 그러나 잘되는 회사는 이것을 해낸다. 잘되는 회사는 변화의 방향성을 이해하고 꾸준히 본질적인 변화를 추구하는 회사다.

20
회사의 주가에 관심이 적다

잘되는 회사는 주가를 경영성과의 결과물이라고만 생각한다.
안되는 회사는 단기적 주가 변화에도 민감하게 반응한다.

주식시장은 자본주의의 성감대다. 경제활동과 관련된 모든 정보가 주식시장에 반영된다. 그러나 정보의 비대칭성 때문에 반영되는 속도는 차이가 있다. 따라서 내부정보를 가지고 주가조작에 성공할 경우, 엄청난 거금이 순식간에 생긴다. 그래서 많은 사람들이 이러한 유혹에 빠지기도 한다.

주가란 경영성과의 결과물일 뿐이다. 회사의 성과가 좋으면 궁극적으로 주가는 상승하는 것이다. 물론 주가의 상승은 회사에게 여러 가지 좋은 점을 가져다주지만, 잘되는 회사는 경영성과에 신경 쓸 뿐 단기적 주가에 민감해하지 않는다.

아마존의 창업자이자 최고경영자인 제프 베조스는 아마존 주가 폭등시 한 인터뷰에서 다음과 같이 말한 적이 있다.

"많은 사람들이 주가상승으로 돈을 많이 벌었을 것이라고 하지만, 나는 그다지 신경 쓰지 않는다. 주가는 일시적 인기에 의해 등락하는 것이고, 1주일 전의 주가가 오늘의 주가와 차이가 있다고 해서, 회사에 어떤 변화가 있었다는 것을 의미하지는 않는다. 나는 내가 하는 사업에만 집중할 뿐이다."

그러나 문제가 있는 회사일수록 단기적 주가변화에 민감하게 반응한다. 대주주가 회사경영보다는 주가조작을 통한 돈벌이에 관심이 많으면, 주가에 관심을 많이 가지는 것은 당연하다. 또는 회사가 실제로는 곪아가는데, 이러한 사실이 외부에 알려지면 안 되기 때문에 주가관리를 열심히 하고 있을 수도 있다. 이런 경우는 대개 대주주들이 열심히 보유주식을 팔고 있는 경우가 많다.

IMF 이후 미국 월가에서 첨단금융기법을 배웠다면서 소위

제대로 사업하는 회사는 주가에 관심이 없다.
잘되는 회사는 주가를 성과의 결과물이라고 생각한다.

금융전문가라고 자칭하는 사기꾼들이 활약했다. 이들은 그럴듯한 학벌과 경력, 적당한 외모, 유창한 외국어로 무장해 벤처 붐을 타고 사업가로 행세했지만, 실제로 사업에는 관심 없고 머니게임에만 관심이 있는 날강도들이었다.

이들이 M&A를 통해 인수한 후 대주주로 있는 회사일수록, 내용 없는 공시를 열심히 하고 소위 IR Investor Relations; 기업설명활동에 신경 쓰는 경우가 많았다. 실제로 벤처거품이 꺼지면서 이들이 불법적인 주가조작에 참여한 것이 속속 드러났다.

제대로 사업하는 회사는 주가에 관심이 없다. 잘되는 회사는 주가를 성과의 결과물이라고 생각한다. 하지만 머니게임으로 한탕 하고 빠지려는 대주주가 있는 회사에서는 주가보다 중요한 것은 없다.

21
경영혁신기법의 포로가 되지 않는다

잘되는 회사는 꼭 필요한 경영혁신기법만 취사선택한다.
안되는 회사는 경영혁신기법이라면 무조건 다 좋은 줄 안다.

앨리스는 있는 힘을 다해 달렸다. 그런데 가장 이상한 점은 나무들과 그 주변의 것들이 결코 움직이지 않는 것이다. 그들이 아무리 빨리 달려도 주변 풍경은 그대로인 것처럼 보였다. 앨리스는 어리둥절하게 생각했다. 그 때 붉은 여왕은 앨리스의 생각을 알고 있는 것처럼 외쳤다. "더 빨리, 잡담하지 말고."
(『이상한 나라의 앨리스』 중)

『매트 리들리의 붉은 여왕』이란 책에서 '진화'를 설명하면서 인용한 대목이다. 앨리스는 죽을 힘을 다해 뛰는데 주변의 모든 사물들도 힘껏 뛰니 마치 그 자리에 있는 것처럼 느껴진다. 아무리 열심히 뛰어도 다른 것의 속도를 따라가지 못해 결국 달리기에서 뒤처지는 것, 이것이 바로 진화에서 도태되는 것이다.

회사도 마찬가지다. 모든 회사가 있는 힘을 다해 뛰고 있기에, 웬만해서는 남보다 앞서기 어렵다. 앞서기는커녕 조금만 속도가 느려져도 도태되는 냉정한 세계다.

그러다 보니 냉정한 세계에서 달리기를 빨리 하기 위한 여러 가지 방법들이 경쟁적으로 고안된다. 이것이 소위 경영혁신기법이라고 하는 것이고, 이러한 것을 전문적으로 팔아서 먹고사는 집단이 소위 컨설팅 회사다. 컨설팅 회사는 조금이라도 새로운 것이 나오면 열심히 포장해서 열심히 판다. BPR, CRM, SCM, ERP, ISP, 학습조직, 변화관리 등이 하루가 멀다 하고 끊임없이 쏟아져 나온다.

물론 경쟁에서 이기기 위해서, 아니 뒤처지지 않기 위해서라도 경영혁신은 필수적이다. 그러나 모든 경영혁신기법들이 의미를 가지는 것은 아니다. 모든 컨설팅 회사들이 중요하다고 외치는 경영혁신기법들이, 모두 중요하지도 않고 모두 하찮은 것도 아니라는 점을 알아야 한다. 회사의 형편에 맞는 적당한 메뉴를 적당한 시점에 골라서 먹는 지혜가 필요하다.

잘되는 회사는 지속적으로 혁신하되, 경영혁신기법을 이해하고 자기 회사에 적절한 것만 골라 먹는다.

안되는 회사는 아무것이나 먹어서 소화불량에 걸리거나(이는 컨설팅 회사의 배만 채워준다는 뜻이다), 불량식품일지 몰라 안 먹는다고 자위하면서 시대의 흐름에 뒤처지는 경우가 많다.

22

외부 컨설팅에 회사의 운명을 맡기지 않는다

잘되는 회사는 외부 컨설팅을 변화의 한 계기로 삼을 뿐이다.
안되는 회사는 외부 컨설팅을 만병통치약이라고 맹신한다.

바야흐로 컨설팅의 전성시대다. 자본주의 제도가 가장 발달한 미국에서 개발된 경영혁신기법을 미국의 컨설팅 회사들이 미국 밖의 회사들에게 파는 것은 당연한 일이다.

그러나 외부 컨설팅이 회사를 바꿀 수 있거나, 아니면 회사를 살릴 수 있다고 생각하는 회사는 성공할 수 없다. 컨설팅에 대해서 다음과 같은 유명한 우화가 있다.

목장에 가축을 키우는 목장주가 있었다. 어느 날 말쑥한 검은 양복 차림을 한 신사가 나타났다. 그 신사는 말했다. "선생님, 저에게 일을 맡겨주시면 가축이 얼마나 있는지, 어디에 있는지, 무엇을 하고 있는지, 어떻게 하면 가축을 비싸게 팔 수 있는지를 알려드리겠습니다."

목장주는 그렇게 하라고 했다. 한 달 후 찾아온 신사는 다음과 같이 말했다. "선생님 목장에는 양이 1천 마리 있고, 동쪽에 500마리, 서쪽에 200마리, 남쪽에 300마리 있습니다. 양들은 주로 12시에 풀을 먹고 6시에 우리에 들어가는데 앞으로 10시, 3시에 풀을 2번 먹게 하고 7시에 우리에 들어가면 양을 더 비싸게 팔 수 있습니다."

목장주의 답변은 의외로 간단했다. "고맙소. 나도 모르는 정확한 숫자를 가져오고, 가축들의 특성을 알게 해 주어서. 그러나 당신이 본 것은 양이 아니라 염소요."

컨설팅은 절대로 만병통치약이 될 수 없다. 개선하고자 하는 의지는 있지만 능력이 부족한 회사에 대해 그 능력을 보완해줄 수 있을 뿐이다. GE의 전 CEO였던 잭 웰치는 다음과

자체적인 변화 의지가 부족한 회사일수록
외부 컨설팅에 의존하려는 정도가 지나치기 마련이다.

같이 말했다. "최고경영자의 임무는 결정하는 것이다. 그러나 요즘 많은 최고경영자가 결정하지 않는다. 그리고 컨설팅 회사에게 사실상 결정하게 한다."

자체적인 변화 의지가 부족한 회사일수록 외부 컨설팅에 의존하려는 정도가 지나치기 마련이다. 그러나 외부 컨설팅은 회사를 바꿀 수 없다. 단지 회사를 바꿀 수 있는 길이 있다고 이야기할 뿐이다.

23
명확한 비전을 가지고 직원들을 이끈다

잘되는 회사는 사장과 직원이 비전에 대해 피드백을 한다.
안되는 회사는 비전을 내놓으라고 서로 불평만 늘어놓는다.

경영학 분야에서 1990년대에 유행한 개념 중의 하나가 장기 비전 수립이었다. "비전 없는 회사는 미래도 없다."라는 슬로건 아래 비전수립 관련 컨설팅 사업이 호황을 누렸으며, 많은 회사가 전사적 비전수립에 열중했다.

그렇다면 비전은 무엇인가? 비전은 기업이 추구하는 단순 명료하고 일관성 있는 목표다. 이것은 이해하기 쉽고 도전해 볼 만한 내용이어야 하며, 최고경영자는 걸어다니는 비전이어야 한다. 이것으로 인해 회사의 모든 사람이 공통의 비전을 갖게 된다. 그리고 비전은 꿈과 현실감각의 균형점에서 구체성을 가진다.

비전은 이렇게 방향감각을 주는 동시에, 종업원들의 동기를 유발하고 에너지를 분출시키는 힘도 갖고 있다. 종업원들은 그들이 동감하고 그들을 받쳐주는 비전이 있음으로 해서 보람과 의미를 찾게 되며, 잠재력을 발휘한다.

비전은 사업의 외양과는 별 상관이 없다. 첨단기술제품을 취급하지 않는 사업이라도 얼마든지 가슴 부풀게 하는 비전을 제시할 수 있다. 우리나라의 대교, 웅진, 국순당, 배상면주가, 농심, 미건의료기, 세라젬의료기 등은 모두 그러한 좋은 사례들이다.

『어린 왕자』로 유명한 프랑스의 작가 생텍쥐페리는 다음과 같이 말한다. "만일 당신이 배를 만들고 싶으면 사람들을 불러 모아 목재를 가져오게 하고 일을 지시하고 일감을 나눠줄 것이 아니라 그들에게 저 넓은 바다에 대한 동경심을 키워주어라."

경영자란 자기가 가진 동경심을 직원들에게 키워주고 현실화하는 것을 이끌어 가는 사람이다. 하지만 비전은 경영자의 전유물이 아니다. 비전을 만들어간다는 것은 경영자와 직원이 함께 찾아가는 상호교류의 과정이다. 경영자가 직원들에게 비전을 제시하지만 비전의 구체성은 종업원들이 함께 찾아가는 과정인 것이다.

잘되는 회사는 사장이 명확한 비전을 가지고 직원들을 이끌어간다. 직원들의 생각도 사장에게 피드백되어 경영자가 가진 비전에 구체성을 부여한다.

그러나 안되는 회사의 사장은 직원들에게 비전을 만들라고 하고, 직원들은 비전은 사장이 만들어야 한다고 이야기한다. 그리고 비전 없는 회사는 미래도 없다고 하면서 서로 불평만 늘어놓는다.

24

건전한 불평을 수용해 대안을 모색한다

잘되는 회사는 건전한 불평이 나오면 대안을 모색한다.
안되는 회사는 현실에 대한 자조적인 불평만 무성하다.

회사는 사람이 모인 조직이다. 완전한 인간이 없듯이, 불완전한 인간이 만든 조직도 근본적으로는 완전할 수 없다. 따라서 어떤 조직이나 나름의 모순이 있기 마련이고, 불평 또한 존재할 수밖에 없다. 그러나 회사에 따라서 불평의 성질과 불평에 대처하는 방식은 차이가 크다.

잘되는 회사는 잘되는 방향을 모색하기 위한 과정에서 나오는 건설적인 불평이 많다. "목표시장을 상류층으로 잡은 것은 잘못된 것이야. 신입사원보다 경력사원을 뽑아야 할 시점

이야. 불황이 예상되니 해외투자를 줄여야 해….”

이처럼 잘되는 회사는 영업을 잘하기 위해서, 사람을 잘 뽑기 위해서, 능력 있는 사람을 승진시키는 과정에서 의견교환이 이루어진다. 단지 모든 사람의 의견이 일치하는 것은 아니므로 이에 대한 불평이 생기는 것이다. 그리고 이런 불평에 대한 피드백 과정이 있어서, 불평에 대한 대안이 모색된다.

하지만 안되는 회사는 현실에 대한 자조적인 불평이 많다. “우리 회사는 안 돼, 목구멍이 포도청이니 할 수 없지, 능력 없는 사람만 남아 있으니 회사가 굴러갈 리가 있나….”

이런 식의 소모적인 불평은 대안을 모색할 수도 없을 뿐더러, 대안을 모색하기 위한 피드백 과정을 거치기도 어렵다.

국제적인 투자자로 유명한 조지 소로스가 스승인 칼 포퍼의 시각을 빌려 『세계 자본주의의 위기』라는 책에서 설파했듯이, 완전한 사회는 없다. 단지 사회가 불완전하다는 것을 인정하고 외부비판을 수용하며 개선해나갈 수 있는 열린 사회가, 존재할 수 있는 최상이다.

조직이 불완전하다는 것을 인정하고,
건전한 불평을 수용해 문제점을 개선해나갈 수 있는
열린 조직이야말로 잘되는 회사의 특징이다.

경영 또한 마찬가지다. 어디에도 완전한 조직은 없다. 단지 조직이 불완전하다는 것을 인정하고, 건전한 불평을 수용해 문제점을 개선해 나갈 수 있는 열린 조직이야말로 잘되는 회사의 특징이다.

25
실패한 자에게 다시 기회를 준다

잘되는 회사는 실패를 영구불패의 밑거름으로 삼는다.
안되는 회사는 똑같은 실패를 누군가가 반복한다.

사람이 살아가면서 크고 작은 실패를 겪을 수밖에 없듯이, 회사도 마찬가지다. 그러나 같은 실패를 겪더라도, 교훈을 얻는 사람과 그렇지 않은 사람의 차이는 크다.

"실패는 성공의 어머니"라는 격언을 신한은행은 실제로 적용하고 있다. 은행 내에 '기업여신 실패사례 연구팀'을 한시적으로 설치하고, 은행이 심사를 잘못해 손실을 입은 사례를 분석해 관련부서에 연구결과를 제공한다.

이 팀에는 분야별 전문가들이 배치되어 실패사례마다 자신의 노하우를 활용해 점검하고 있으며, 실패사례에 대한 분석결과를 은행의 여신정책 수립에 반영한다. 은행의 부실이 발생하더라도 담당했던 것이 아니면 관련 정보와 노하우가 사라지기 쉬워 실패사례에 대한 분석결과만 축적하더라도 향후 부실방지에 큰 도움이 될 것이라고 판단했기 때문이다.

삼성그룹 또한 1994년 '삼성 신경영'을 주창하면서 '실패의 자산학'을 역설했다. 업무상 실패는 피할 수 없다고 하더라도, 똑같은 실패를 해서는 안 된다는 것이다.

2000년대 초반부터 일본에서도 실패 연구가 주목을 받기 시작했다. 특히 유키지루시유업, 미쓰비시자동차 등 일류 기업들이 대량 식중독 사고와 리콜 은폐의 후유증으로 위기에 처한 이후 '실패학'은 그야말로 일본 경영자들의 필수 연구과목으로 떠올랐다.

『실패학의 추천』이라는 책을 펴낸 하타무라 요타로 전 도쿄대학교 교수는 과거 사례 조사를 통해 대형 실패에는 평균 300회 정도의 예비적 실패가 있었다는 결과를 제시하고 있다. 회사가 무병장수하려면 실패를 활용해야 하며 예방주사를 맞아야 한다는 것이 그의 지론이다.

컨설팅 회사인 IMA의 와다 가즈오 사장은 '실패 연구'로 스타가 된 대표적 인물이다. 종업원 2만 8천 명의 유통 대그룹인 야오한의 총수였던 그는 4년 전 파산해 부실 기업인의 멍에를 뒤집어썼지만 자신의 경험을 밑천으로 컨설팅 회사를 세웠고 대히트를 했다. 성공비결 대신 "이렇게 하면 망한다."라며 패망에 이르는 길을 가르쳐 주는 게 그의 전문분야다.

일본 문부과학성도 과거의 실패 경험을 데이터베이스로 체계화한 정보를 공개했다. 공개한 자료는 화학, 기계, 재료, 건설 등 4개 분야에서 일본 정부와 기업들이 겪은 400가지 이상의 실패 사례들이다. 핵발전소의 방사능 누출사고와 로켓 발사 실패 등 각종 경험을 데이터베이스화해 성공의 밑거름으로 삼기 위해서다.

대개 회사에서는 한두 개의 실패가 곧바로 회사의 도산으로 이어지기보다는 몇 개의 연속적인 작은 실패가 큰 실패로 연결되는 경우가 많다. 즉 한 번의 실패가 문제가 아니라 한 번의 실패를 잊어버리는 것이 큰 문제인 것이다.

잘되는 회사는 실패를 실패로 끝내지 않고, 실패를 되풀이하지 않기 위한 소중한 경험으로 활용한다.

26
장애물을 오히려 기회로 활용한다

잘되는 회사는 한계와 단점을 성공의 밑천으로 삼는다.
안되는 회사는 자기 콤플렉스에서 벗어나지 못한다.

아름다운 건축물은 흔히 험한 지형이나 쓸모없는 땅에 들어서는 경우가 많다. 평지의 잘 정돈된 땅에는 정방형의 평범한 건물이 들어서기 쉽지만 험한 지형이나 쓸모없는 땅에는 토지의 효율적 이용을 위해 건축가가 끊임없이 고민하기 때문에 의외로 훌륭한 건축물이 들어설 가능성이 높은 것이다.

중국의 전자상거래 기업 알리바바가 2014년 9월 뉴욕 증권거래소에서 연간 최대 규모의 기업공개로 상장하고, 시가

유능한 뱃사공은 바람과 파도를 이용한다.
바람과 파도를 장애물로 여기는 것이 아니라
거꾸로 배의 추진력으로 활용하는 것이다.

총액기준이 구글에 이어 인터넷 기업 2위에 랭크되면서 아시아 최대부호로 올라선 창업주 마윈은 세계에서 가장 주목받는 기업인이 되었다.

전직 영어강사였던 마윈은 젊은 시절패스트푸드 매장 매니저를 비롯해 관광가이드를 전전했으며, 우연한 기회에 중국 관광안내를 하게 된 야후 창업자 제리 양에게 투자를 받아 사업을 시작했다.

2013년 10월 한국을 방문한 마윈은 "내가 성공한 것은 돈도, 기술도, 계획도 없었기 때문이다."라고 솔직하게 토로했다. 돈이 없어 동전 한 푼도 귀하게 썼고, 기술을 몰라 보통사람도 편히 쓸 수 있는 서비스를 개발할 수 있었으며, 계획을 세우지 않아 변화하는 세상에 능동적으로 반응할 수 있었다는 의미다. 소위 배운 것 없고, 돈도 없고, 볼품 없고, 배경도 없었던 마윈은 장애물을 오히려 기회로 활용하는 역발상의 마인드와 사업개념을 가지고 있었다.

1929년 대공황이 세계를 휩쓸었을 무렵 미국의 할리우드는 극장을 중심으로 대성황을 이루고 있었다. 세계가 극심한 불황과 전쟁으로 고통받고 있을 때, 오히려 사람들에게 꿈과 희망을 준 것이 당시 호황의 결정적인 원인이었다.

용모가 뒤떨어진 사람이 화장술이나 옷차림이 세련된 경우가 많다. 용모가 뒤떨어진다는 단점을 극복하려고 노력하기 때문이다. 중고 자동차를 사용하면 고장이 자주 나기는 하지만, 자동차에 관한 지식을 빨리 배우는 데 오히려 도움이 된다.

유능한 뱃사공은 바람과 파도를 이용한다. 바람과 파도를 장애물로 여기는 것이 아니라 거꾸로 배의 추진력으로 활용하는 것이다. 잘되는 회사 또한 장애물을 기회로 활용한다.

27
문제가 생기면 해결방법부터 찾는다

잘되는 회사는 책임은 나중에 묻고 우선 문제를 해결한다.
안되는 회사는 문제가 생기면 모두 몸부터 사리고 본다.

잘되는 회사에서는 일이 생기면 회사에서 그 문제를 가장 잘 아는 사람이 누구인지, 문제를 해결할 수 있는지, 문제해결에는 어느 정도의 시간이 걸리는지, 문제해결에 사람과 돈은 얼마나 필요한지 등 문제해결을 위한 방법을 먼저 모색한다.

비록 문제발생에 책임이 있다고 하더라도, 문제해결에 필요한 사람이라면 문제해결에 동참시킨다. 책임은 나중에 묻고 일단 문제를 해결하는 것이 우선이다.

안되는 회사에서는 일이 생기면, 먼저 책임이 누구에게 있는지부터 알아본다. 결재서류에 서명한 관련자부터 찾아보고, 잘못된 결정에 관여한 사람이 누구인지 파악하는 것이 우선인 것이다. 이런 상황에서는 문제가 발생하면 모두 몸부터 사린다. 아는 척해봤자 시쳇말로 '독박쓰기 십상'인 것이다.

이렇게 되니, 문제해결의 시기를 놓치는 경우가 많다. 모두 발뺌부터 하는 상황에서 문제해결의 방법을 찾기란 불가능하다. 책임추궁은 서릿발 같아도 문제해결에는 도움이 되지 않는다.

톰 행크스 주연으로 영화화되기도 했던 아폴로 13호의 드라마는 좋은 사례다. 1970년 4월 11일 세 번째 달 탐사를 위해 쏘아올린 아폴로 13호는 4월 13일 달에 착륙을 시도하지만 사고가 발생한다. 아폴로 13호는 달 착륙을 포기하고 간신히 귀환한다.

그런데 전 세계는 이 일을 '성공적 실패'라고 일컫는다. 우주선의 전력 부족과 산소 부족 등으로 무사귀환이 거의 불가능한 상황에서 승무원들의 영웅적인 대처능력과 지상 관제본

부의 헌신적인 노력이 승무원들을 성공적으로 귀환시켰기 때문이다.

아폴로 13호가 고장을 일으킨 책임자 중 하나였던 엔지니어가 사고 후 아폴로 13호의 귀환에 주도적 역할을 했다는 점에 주목할 필요가 있다. 사고의 책임자가 사고의 해결에도 책임자가 된 것이다.

잘되는 회사에서는 무슨 일이 터지면 해결방법이 무엇인가를 먼저 생각한다. 하지만 안되는 회사는 무슨 일이 터지면 누구에게 책임이 있는지부터 먼저 살핀다.

28
창의성과 성실성으로 이윤을 추구한다

잘되는 회사는 창의성과 성실성으로 이윤을 추구한다.
안되는 회사는 편법과 속임수로 누군가를 착취한다.

잘되는 회사와 안되는 회사는 분명히 따로 있다. 그렇다면 그 차이점도 분명히 있을 것이지만, 그것이 쉽게 드러나지는 않는다. 이 책에서도 두 회사 간의 차이점을 여러 가지 측면으로 나타내 보았으나 이 또한 모든 차이점을 포괄하지는 못할 것이다. 그렇다면 잘되는 회사와 안되는 회사의 차이점을 억지로라도 명쾌하게 한마디로 나타낸다면 어떤 것일까?

최인호의 소설 『상도』로 유명해진 조선후기 거상인 임상옥은 유언으로 "재물은 평등하기가 물과 같고, 사람은 바르기가

잘되는 회사가 많아진다는 것은

곧 올바른 길을 걷는 좋은 사람이 많아진다는 것을 의미한다.

저울과 같다財上平如水 人中直似衡."라는 말을 남겼다. 즉 사업을 유지하고 발전시키는 데 있어서 가장 중요한 덕목은 절제와 균형, 그리고 신뢰라는 말이다.

중국 근대사에서 거상으로 칭송받는 호설암胡雪巖도 "큰 상인의 도는 곧 인간의 도리다."라는 말을 남겼다. 즉 남을 속이지 않고 왜곡된 길을 걷지 않으며, 규정과 원칙을 지키면서 돈을 버는 것을 가리킨다. 원칙에 따라 재물을 취해야만 정도를 걸을 수 있다는 것이다.

경영의 달인이라는 칭송을 받았던 마쓰시타 전기산업의 창업자인 고 마쓰시타 고노스케는 "이익을 내지 못하는 것은 죄악이다."라고 말한 적이 있다. 이 말은 기업이 사회로부터 사람, 돈과 원재료를 받은 이상 일단 돈을 벌어 사회에 환원해야 한다는 의미를 내포하고 있다.

잘되는 회사를 간단히 정의하면 '기본기가 충실하고, 올바른 원칙을 가진 회사'라고 말하고 싶다. 큰 진리는 이처럼 단순하기 그지없다.

우선 기본기가 충실하다는 것은 회사는 회사다운 문화와 동기를 가지고 있다는 것이다. 회사는 사교클럽이 아니고, 돈을 버는 곳임을 분명히 알고 있다. 개인의 건전한 탐욕을 자연스러운 현상으로 인정하고, 자본주의 사회에서 개인의 잠재력과 능력을 발휘할 수 있는 공간을 제공한다. 꾸준히 자기의 길을 개척해 나가고, 쓸데없는 겉멋과는 거리가 멀다.

올바른 원칙을 가지고 있다는 것은 비정상적인 방법에 의존하지 않고, 창의성과 성실성으로 돈을 번다는 것을 뜻한다. 이는 호설암의 관점에서 "좋은 회사의 길은 좋은 사람의 길과 같다."는 것이다.

잘되는 회사가 많아진다는 것은, 우리 사회가 경제적으로 풍요로워진다는 의미와 윤리적으로 건전한 게임의 법칙이 정립된다는 의미를 동시에 가지고 있다. 그리고 잘되는 회사가 많아진다는 것은 곧 올바른 길을 걷는 좋은 사람이 많아진다는 것을 의미한다.

3장

차별은 없다.
그러나 차이는 인정한다

29

이기기 위해서는 철저히 이기적이어야 한다

잘되는 회사는 돈을 번 후에 사회적 책임을 수행한다.
안되는 회사는 돈을 벌기도 전에 체면치레부터 한다.

자본주의 사회를 발전시키는 원동력은 이기심이다. 인간이 하는 모든 형태의 경제활동의 근저에는 이기심이 있다. 세계적인 진화생물학자인 리처드 도킨스는 『이기적인 유전자』라는 책에서 동물과 인간이 진화하고 발전하는 기본적인 동기가 유전자를 보존하기 위한 유전자의 이기심이라고 지적한 바 있다.

잘되는 회사 또한 철저히 이기적이다. 이는 자신의 이익을 위해서 타인을 해치는 것이 아니라 자신의 이익을 추구하면서 타인에게도 가치를 제공하는 차원의 이기심이다. 경제학의 원조 아담 스미스가 '우리가 저녁식사를 기대할 수 있는 건 빵집 주인의 자비심 때문이 아니라 이익을 추구하는 그들의 생각 덕분이다.'에서 규정한 이기심의 개념이다.

물론 자본주의가 발전함에 따라 회사의 공공적 성격이 강조되면서 사회적 역할과 책임이 중요해지고 있다. 그러나 본질적으로 회사는 다른 회사와 경쟁해서 이겨야 한다. 이기기 위해서는 철저히 이기적이어야 한다. 즉 돈을 벌어야 한다는 이기심으로 철저히 무장되어 있어야 한다. 이렇게 일단 경쟁에서 이겨서 돈을 번 다음, 사회적 책임을 생각해야 한다.

사회적 책임만 다하려면 왜 회사를 경영하는가? 사회적 책임만 다하려면 자선단체를 운영하거나 종교 활동을 하면 될 것이다. 회사는 자선단체나 종교집단이 아니다. 회사의 공익성은 일단 접어두고, 우선 경쟁에서 이겨 돈을 벌어야 한다.

충분히 돈을 번 다음 사회적 책임에 대해 생각해도 충분하다. 사회적 책임을 열심히 수행하다가 돈을 못 벌어 부도가 나면 그것이야말로 사회적 책임을 방기하는 것이다. 공정한 게임의 법칙을 지키면서 시장에서 살아남는 것 자체가 바로 회사가 사회적 책임을 수행하고 있는 것이다.

개인도 마찬가지다. 개인이 추구하는 가치 중 사회정의도 좋고, 세계평화도 좋지만 먼저 경제적으로 자립해야 되는 것 아닌가? 사회정의만 외치면서, 부모님이나 친지들에게 손을 벌리는 사람은 궁극적으로 개인적 정의도 인정받지 못한다.

세상은 냉정하다. 회사가 사회적 책임을 위해, 없는 돈을 만들어서라도 복지사업을 하면 모두 칭찬한다. 그러나 그 회사가 부도났을 때 사회적 책임을 다 했다고 봐주지는 않는다. 이들에게서 돈을 받을 때 그렇게 칭송하던 사람들이, 회사가 어려움에 빠지면 오히려 더 열심히 손가락질하는 게 솔직한 현실이다.

사회적 책임을 열심히 한다고 해서, 회사에 문제가 생겼을 때 그냥 넘어가주진 않는다. 일단 생존을 위해 철저하게 이기적인 회사가 잘되는 회사인 것이다.

30
개인의 탐욕과 건전한 동기를 인정한다

잘되는 회사는 건전한 탐욕을 제도적으로 뒷받침한다.
안되는 회사는 탐욕보다 인간적인 정만을 강조한다.

아담 스미스가 설파했듯이 경제활동은 보이지 않는 손에 의해 조절되고, 경제행위 주체들의 이기심이 기본적 동기다. 개별적인 이기심 추구가 집단적인 후생을 극대화한다는 것이 시장경제 원리의 기본이다.

온정적 시장경제니 뭐니 하면서 현학적인 수사로 아무리 위장하더라도, 근본적으로 개인의 이기심 추구를 부정하고서 시장경제와 자본주의는 존재할 수 없다.

회사조직 내의 건전한 탐욕은 조직을 건강하게 하는 기본적인 동인이다. 탐욕이라는 단어가 부담스럽다면 의욕이라고 바꿔도 상관없다. 사내 구성원들이 경쟁을 통해 남보다 앞서 가겠다고 하는 의욕이 넘칠 때 회사는 살아 움직인다.

나아가 잘되는 회사는 이러한 의욕을 제도적으로 뒷받침한다. 남보다 의욕이 넘치고 앞서 나가는 사람들을 보상하기 위해 성과급, 성과 달성에 따른 승진, 스톡옵션을 시행한다. 잘되는 회사에서는 공정한 게임의 룰을 지키는 범위 내에서의 경쟁은 너무나도 당연시된다.

과거 고도성장 시대에는 연공서열에 따른 승진이 이루어지고, 잘하는 사람이나 못하는 사람이나 동일한 보수를 받고, 건전한 탐욕보다 사내 화합과 겸양을 강조하고도 회사는 생존할 수 있었다. 그러나 1997년 이후 소위 기업 환경에 후천개벽이 일어났고, 이런 형태로는 더이상 살아남을 수 없는 환경이 되었다.

21세기 디지털 무한경쟁 시대에는 욕심이 넘치는 사람이 득실대는 회사가 성공한다. 개인이 잘되겠다고 하는 건전한

개인이 잘되겠다고 하는 건전한 탐욕을,
공정한 게임의 법칙 속에서 조율하는 회사가 잘되는 회사다.

탐욕을, 공정한 게임의 법칙 속에서 조율하는 회사가 잘되는 회사다. 하지만 개인의 탐욕과 건전한 동기를 인정하지 않는 회사의 운명은 어두울 수밖에 없다.

31
회사는 사교클럽이 아닌 것을 안다

잘되는 회사는 동료애 이전에 능력과 성과를 중시한다.
안되는 회사는 사적인 친분관계가 효율성을 억누른다.

안되는 회사는 동료애를 중시하고 잘되는 회사는 능력과 성과를 중시한다. "잘되는 회사에는 동료애가 전혀 없는가?"라는 식의 멍청한 질문은 이제 그만하자.

물론 사람이 모여서 하는 일에서 동료애와 동지의식은 중요하다. 1990년대 초반 일본의 경제발전이 정점에 있을 시점에, 미국의 경영학계에서는 일본 경제발전의 비결을 평생고용, 끈끈한 유대감 등 동양적 유교문화에서 찾기도 했다. 우리나라도 과거 고도성장 시기에 직원들 간의 동지애가 큰 역할을 한 것 또한 엄연한 사실이다.

그러나 이제 기업 환경이 근본적으로 변했다. 100명의 평범한 직원보다 한 명의 비범한 천재가 회사를 먹여 살리는 시대가 되었고, 개개인의 자의식도 높아져 개인의 노력과 보상이 연계되지 않으면 동기유발을 시키기도 어려운 시대가 되었다.

경쟁이 치열하지 않고, 대충 해도 먹고사는 데 지장이 없는 회사는 사내정치가 발달하고, 동료애가 강조된다. 능력보다는 유력한 사람과의 친분관계가 결정적인 영향을 미치고, 주변 사람들과 무난하게 지내면서 욕 안 먹는 사람이 각광받기 마련이다.

이런 회사의 전형을 찾고 싶으면 독점적 지위에 있는 공기업을 보면 된다. 공기업도 효율성을 강조하고 있기는 하지만, 이는 '효율성을 확보하지 않으면 시장에서 퇴출된다.'라는 절박함에서 나온 것이 아니라, '그래도 회사니까 효율성은 중요하다.'라는 정도로만 해석될 뿐이다.

이런 회사들은 어차피 먹고 사는 건 보장되어 있으니, 효율성이라는 가면을 쓰고 자기들이 사회에 존재해야 사회에 도움이 된다는 식의 논리개발에 목숨을 거는 것이다.

일반기업에서도 과거의 은행업, 시멘트업, 철강업, 정유업 등 변화가 심하지 않고 시장이 안정적인 업종에서는 소위 공기업문화가 강했다. 이런 회사에서는 고객과의 점심약속보다는 직원들 간의 점심약속이 더 중요할 수도 있다. 고객관계 구축보다는 직원들 간의 인간관계 구축이 중요하니 말이다.

그러나 잘되는 회사는 능력과 성과를 중시한다. 동료애도 중요하고 인간관계 좋은 직원이 프리미엄은 받지만 결국은 성과가 중시되니, 직원들도 부차적인 인간관계에 크게 구애받지 않고 자기성과를 내는 데 열중한다. 당연히 점심은 직원끼리보다는 고객과 자주 하게 되지 않겠는가.

32
차별은 없다.
그러나 차이는 인정한다

잘되는 회사는 업무 능력에 따른 차이를 당연시한다.
안되는 회사는 무능한 직원의 천국이 되고 만다.

"배고픈 것은 참아도 배 아픈 것은 못 참는다."라는 속설처럼 남과 비교해서 뒤처지면 마음이 불편한 것은 인지상정人之常情이다. 하지만 막연한 평등개념에 휘둘리지 않고 그 이유와 개념을 정확히 이해하는 것이 현실적이고 합리적인 세계관의 기반이 된다. 잘되는 회사라면 '차별은 없다. 그러나 차이는 인정한다.'의 관점을 가져야 한다. 반면 안되는 회사는 매사를 차별로 이해하는 낙후된 의식에 머물러 있다.

차별이란 무엇이고 차이란 무엇일까? 차별이란 키, 인종,

용모, 나이, 출신지역 등 개인이 통제하기 어려운 특성을 기준으로 기회 자체를 제한하는 것이다. 차이란 성격, 성실도, 지적 능력, 전문성 등에 따른 다름을 인정하며, 다름에 따른 프리미엄을 인정하되 기회 자체는 제한하지 않는 것이다.

차별과 차이의 다름을 사려 깊게 생각해보지 않고, 무식한 평등개념에 휘둘리는 회사는 경쟁에서 살아남을 수 없다. 사회적 약자에 대한 배려는 있을 수 있어도, 사회적 분업관계와 사회적 보상에서 평등은 있을 수 없다. '모두가 똑같이 열심히 일해서, 모두가 똑같이 잘 산다.'는 것은 존재할 수 없는 가상현실Virtual Reality이고, 공허한 정치적 메아리 또는 완전한 사기다.

잘되는 회사에선 모두가 열심히 일하고, 능력 차이에 따라 보상받는다. 오늘 능력이 모자라는 사람이라도 노력해서 내일 능력이 향상된다면 더 많은 보상을 받을 기회가 있다.

능력이 모자라 노력해도 자기 역할을 못하는 사람은 미안하지만 회사를 떠날 수밖에 없다. 그 한 사람의 문제만으로

잘되는 회사에선 모두가 열심히 일하고
능력 차이에 따라 보상받는다.

그치지 않고 다른 사람의 보상체계까지 왜곡시키기 때문이다. 이렇게 떠난 사람은 자기에게 맞는 다른 직장을 구하거나 직장을 구하지 못해 생활이 아주 어려워진다면, 이는 회사가 아닌 국가의 사회복지 시스템에서 관여할 것이다.

안되는 회사의 직원은 차이를 인정하지 않고, 모든 것을 차별이라고 강변한다. 그리고 집단적으로 똑같은 대우만을 요구한다. 무능한 직원의 천국이 만들어질지는 모르지만, 유능한 직원의 기회는 그만큼 상실되는 것이다. 무능한 직원의 천국에서는 유능한 직원들도 자기의 능력을 알 수 있는 기회가 생기지 않는다.

33
기회의 균등을 추구하고, 보상의 차등을 추구한다

//

잘되는 회사는 보상에 대해서 철저히 차등을 둔다.
안되는 회사는 적당히 일하고 적당히 보상을 받는다 .

근대문명의 출발점은 자립적 개인이다. 국가와 종교, 신분으로부터 독립되어 자유로운 선택을 통해 자신의 삶을 결정하고 책임지는 개인이 출현했다. 서양의 중세시대에는 종교에 예속되어 있었고, 프랑스 혁명 이전에는 신분에 구속되었다. 우리나라에서도 20세기 전반까지 봉건적 신분제의 굴레에 있었던 개인은 1948년 자유민주주의와 시장경제를 근간으로 하는 대한민국이 건국되면서 정치·경제적 자유를 기반으로 자립적 개인으로 발전하기 시작했다.

과거 동서양을 막론하고 종교적 지배와 신분제 시대에는 종교와 출신에 따라 개인의 사회적 성취의 한계가 결정되었다. 하지만 근대문명의 근간인 자유민주주의가 확립되고 시장경제가 발달한 곳에서는 사회적 성취가 종교와 출신이 아닌 개인의 역량과 노력에 따른다.

20세기 초중반 생산수단을 국가가 소유하고 공동으로 생산해 평등한 사회를 만들겠다는 공산주의와 국가사회주의의 시도들이 있었지만 모두 처참한 실패로 끝났다.

로마의 대정치가 율리우스 카이사르의 "아무리 나쁜 결과로 끝난 일이라 해도 애초에 그 일을 시작하게 된 동기는 선의였다."라는 명언처럼 역사는 선의에도 불구하고 결과적 평등을 추구하는 체제는 모두 백일몽이었음을 증명한다. 결국 현실적인 지향점은 '결과의 평등이 아니라 기회의 균등을 추구하는 것'이다.

역동적이고 잘되는 회사는 다양한 사람들에게 다양한 기회를 부여해, 자신의 능력을 시험해보고 계발할 수 있는 기회를 준다. 즉 기회의 균등을 추구한다. 그러나 보상에 대해서는 차등을 둔다. 즉 기회를 주는 것은 회사의 영역이지만, 기회를 활용해 진짜 기회로 만드는 것은 개인의 영역이고 보상은 이에 따라야 한다는 것이다.

탄자니아에서 30년 넘게 침팬지 세계를 연구한 세계적인 동물학자 제인구달 박사의 이야기다.

"침팬지 사회는 20~30마리로 구성된 모계사회인데, 우두머리는 수컷이다. 모든 암컷의 최대희망은 우두머리 수컷을 낳아 자기 유전자가 다음 세대를 지배하게 하는 것이다. 그런데 30여 년을 관찰한 결과 침팬지 집단에서 유독 우두머리가 나오는 특정 모계가 있었다. 어떤 할머니 침팬지를 중심으로 그 딸과 손녀들에게서 우두머리의 어미가 계속 배출되는 것이었다.

알고 보니 할머니 침팬지가 헌신적인 자세와 엄격한 교육원칙으로 딸들을 교육했고, 이 딸들이 아들들을 그렇게 교육시켰기 때문이었다. 30년간 한 번도 우두머리를 배출하지 못한 모계도 있었는데, 이는 그 집안의 딸들이 자녀교육에 관심이 없고 별 생각 없이 자기 편한 대로 아무렇게나 사는 것이 큰 원인이었다."

침팬지 세계에서 우두머리를 배출할 수 있는 기회는 어떤 암컷에게나 있다. 그러나 우두머리 배출이라는 보상을 받기 위해서는 그에 상응하는 노력과 정성이 필요하다.

2014년 SNS 기업인 카카오를 포털 사이트 다음과 합병한 김범수 다음카카오 의장의 개인사는 자유로운 선택을 할 수 있는 기회의 부여가 주는 가능성을 잘 나타낸다. 2남 3녀를 슬하에 둔 농사꾼이었던 김 의장의 부모는 자식의 교육을 위해 상경했고, 할머니까지 무려 여덟 식구가 단칸방에서 생활했다.

유복한 환경에서 자라난 여타 인터넷 1세대들이 어릴 때부터 값비싼 컴퓨터를 접하고 백과사전을 읽고 있을 때 김 의장은 아르바이트를 해서 대학 등록금을 벌었고 조립 PC를 샀다. 대학 졸업 후 삼성SDS에 입사해 PC통신 사업을 담당하

역동적이고 잘되는 회사는 다양한 사람들에게 다양한 기회를 부여해,
자신의 능력을 시험해보고 계발할 수 있는 기회를 준다.

다가 1998년 PC방을 창업한 김 의장은 이 경험을 확장해 온라인 게임회사를 창업한 후 네이버와 합병했고, 이후 카카오를 창업해 오늘에 이르렀다.

대우중공업 김규환 명장의 이야기는 더욱 극적이다. 강원도 평창에서 화전민의 아들로 태어난 그는, 어머니 약값을 벌기 위해 대우중공업에 사환으로 입사한다. 초등학교 졸업이 학력의 전부였던 김 명장이 3시간 이상 자지 않고 대학졸업, 자격증 취득, 기술개발 등 목숨을 건 노력 끝에 정부로부터 기능인 최고의 영예인 명장의 칭호를 받는 이야기는 인간승리의 드라마다.

이외에도 어려움을 이겨내고 자신의 영역에서 능력을 인정받은 이야기는 얼마든지 있다. 이러한 모든 사례는 기회를 부여받고 선택한 개인이 책임지고 보상받게 하는 사회적 구조가 작동하고 있기 때문에 가능한 일이다.

34
채용은 신중하게 하고,
해고는 재빨리 한다

잘되는 회사는 신중하게 사람을 뽑되 해고에는 과감하다.
안되는 회사는 채용은 재빠르지만 해고할 땐 머뭇거린다.

회사의 활동이야 모두 중요하지만 사람을 뽑고 관리하는 일은 가장 중요한 일 중의 하나다. 솔직히 회사는 사람 그 자체이기 때문이다.

일반적으로 직원을 채용하는 것보다는 직원을 해고하는 것이 어렵고 비용이 많이 든다고 생각한다. 따라서 직원의 채용보다는 해고를 신중하게 한다. 그러나 잘되는 회사는 채용을 신중하게 하고, 해고는 재빨리 한다.

직원을 새로 뽑아서 교육시켜 자기역할을 하게 하는 데는

월급 외에도 많은 돈이 든다. 그러나 직원을 잘못 뽑았을 때 드는 비용은 상상 외로 크다. 직원이 자기 역할을 제대로 하지 못해 동료들이 대신 처리해야 하는 부담, 주위 사람과 어울리기 어려운 성격인 경우에 동료들을 불편하게 하는 문제, 불평불만이 많은 성격인 경우 주위에 그 불만을 전파시키는 것 등등 엄청난 부담을 회사가 져야 하는 것이다.

특히 기본적 자세가 잘못된 사람, 소위 '코드'가 안 맞는 사람은 아무리 교육시켜도 별 효과가 없는 경우가 많다. 이런 경우에는 빨리 조직을 떠나는 것이 개인에게나 회사에게 도움이 된다.

잘못된 사람을 채용했을 때의 비용은 단순한 월급의 몇 배를 넘어선다. 그래서 인사관리에서 가장 중요한 것은 사람을 제대로 뽑는 것이 될 수밖에 없다.

채용은 신중하게 하고, 해고는 재빨리 하는 사례로 컨설팅 회사를 들 수 있다. 컨설팅 회사의 자산은 브랜드, 데이터베이스, 그리고 사람이다. 이 중에서도 사람의 경쟁력이 곧 회사의 경쟁력이 되기 때문에, 컨설팅 회사들은 사람을 뽑고 관리하는 것에 커다란 노력을 기울인다.

컨설팅 회사에선 사람을 뽑을 때 여러 번의 면접, 그룹토의, 사례연구 등을 통해 지적능력과 팀원으로서의 가능성을 평가해 신중하게 채용한다. 그러나 신중하게 채용했더라도 잘못 채용했다고 판단되면, 미련 없이 즉시 내보낸다.

사람 관리가 핵심 경쟁력인 다른 분야는 마피아다. 마피아 중간보스 중 한 사람은 은퇴 후 V라는 필명으로 『마피아 경영학』이라는 책을 써서 조직경영의 핵심을 이야기하기도 했다. 이 책에서 그는 "성급하게 행동하는 자, 비난을 즐기는 자, 말만 많은 자, 어울리기 힘든 자는 당장 쪽박을 채워 내보내라."고 단언한다. 골치 아픈 사람을 데리고 있으면, 능력 있는 새로운 사람도 찾아오지 않는다는 것이다.

35
설익은 평등개념은 쓰레기통에 처넣는다

잘되는 회사는 사회적 분업관계를 철저하게 관리한다.
안되는 회사는 설익은 평등개념에 휘말려 자멸한다.

학교를 졸업하고 처음 직장생활을 시작할 때 많은 사람들이 희망과 불안, 기대와 실망이 교차하는 경험을 했을 것이다. 특히 공부를 많이 했고(가방 끈이 길고) 자신의 능력에 뿌듯해 하는 신입사원일수록 처음 입사해서 큰 실망감을 맛보는 경우가 많다. 사실 어떤 조직이건 신입사원에게는 복사, 번역, 박스 나르기 등과 같은 단순한 업무만 시키기 때문이다.

거기에다 사회초년병 시절에는, 인간은 모두가 존귀한데 왜 나는 상사에게 지시받고, 꾸중들어야 하는지 이해하지 못하는 경우도 생긴다.

직장에 적응해가는 과정에서 누구나 이러한 단계를 거치기 마련인데, 사람에 따라 이런 신참 시기를 견디지 못하고 1년을 못 가서 사표를 내고 다른 직장을 알아보는 경우가 많다. 그러나 다른 직장에 가서도 비슷한 상황은 계속되고, 또 다른 직장을 알아보는 과정이 반복되면서 직장생활에서 소위 '뜨내기'가 되는 경우가 많다.

이런 현상은 사회적 분업관계에 대해 제대로 인식하지 못하고 있기 때문에 일어난다. 인간은 존엄성이라는 측면에선 모두 동일하지만, 사회적 분업관계에서는 절대로 동일하지 않다는 것을 잘 알아야 한다.

회사 내에서 지시하는 경영자와 지시를 따라야 하는 직원은 인격적 존엄성 측면에서는 동일하지만 사회적 분업관계는 다를 수밖에 없다. 따라서 회사조직 내에서는 각자의 다른 위치에 따라서 다른 역할을 수행해야 하는 것이다.

잘되는 회사는 직원의 인격적 존엄성은 인정하되,
조직 내 분업관계에서는 엄격하다.

잘되는 회사는 직원의 인격적 존엄성은 인정하되, 조직 내 분업관계에서는 엄격하다. 직원 개개인의 특성과 자존심은 충분히 인정하되, 조직내 분업관계에서 문제를 일으키거나 충실하지 않은 경우는 가차 없이 제재를 가한다.

안되는 회사는 인격적 존엄성을 무시하고 분업관계만 강조하다가 직원들에게 "비인간적 대우를 개선하라."는 식의 저항에 직면하거나, 인격적 평등 개념에 매몰되어 분업관계의 질서까지 흐트러진 무질서한 회사로 전락한다.

36
사내의 동문회와 동기회는 윤활유 역할만 하게 한다

잘되는 회사는 사내 1차 집단이 윤활유 역할만 해낸다.
안되는 회사는 사내 1차 집단이 암적인 분파를 형성한다.

우리나라에서 고향·혈연 등 1차 집단이 가지는 의미는 특별하다. 사내에서도 학교·입사·연수·지역 등 다양한 인연으로 여러 가지 형태의 모임이 존재한다. 이러한 모임은 서로를 알게 해주고, 업무 지식을 공유하며, 실제 업무에서 쉽게 협력할 수 있는 관계를 만들어주는 긍정적인 측면이 있다. 그러나 이런 모임들이 사내 분파를 형성할 위험 또한 항상 존재하기 마련이다.

A보험 회사는 K대학의 동문회 활동이 유난히 활발했다. 전

통적으로 동문의식이 강한 K대학이다 보니 당연한 일이기도 했지만, 문제는 K대학 동문회가 사실상 의사결정기구라고 하는 비난까지 제기되었다는 데 있다. 사실 여부를 떠나서 다른 대학 출신들의 상대적 박탈감이 심화되고 더욱이 노조까지 K대학 출신 등이 주도하는 형편이다 보니, 사내 갈등을 조절할 수 있는 통로가 막히기 시작했다.

게다가 K대학 모임의 실질적 리더는 합리적이라는 평가와 거리가 먼 사람이다 보니, 사내에 불필요한 갈등이 많아질 수 밖에 없었다. 이러한 상황에서 외부적 환경변화에 따른 위기가 닥치자, 내부의 조직적 혼란도 원인이 되어 제대로 대응도 하지 못하고 다른 회사에 인수되어 버렸다.

이처럼 동문회와 동기회는 특성상 분파의 중심으로 역할하기 쉽다. 이런 배경에서인지 국내 대표기업들의 경우, 공식적으로 사내의 학교 동문회를 개최하는 것을 금하고 있는 경우가 많다.

학교를 중심으로 모인 동문회보다 취미를 중심으로 모인

독서모임, 축구클럽, 등산모임, 테니스모임 등은 사내에서 건전한 비공식적 관계를 만드는 데 도움이 된다. 왜냐하면 취미라는 제한된 관심사로 만나는 데다가 개인의 취향에 따라 언제든지 가입하고 탈퇴할 수 있기 때문이다.

그러나 출신학교, 출신지역, 출신기수에 따른 모임은 개인 취향에 따라 바꿀 수 없는 경직된 성격을 가지고 있다. 따라서 사내 1차 집단들의 모임이 활발하고 결속력이 강해질수록 역설적으로 기업문화의 합리성은 취약해지기 쉽다.

동문회, 동기회가 조직의 윤활유 역할을 할 수는 있다. 그러나 윤활유가 자동차를 움직이지는 못한다는 것을 명심해야 한다.

37
굴러들어온 돌이 박힌 돌 빼내는 것을 권장한다

잘되는 회사는 새로운 피가 언제라도 들어설 자리가 있다.
안되는 회사는 터줏대감들이 차고 앉아 요지부동이다.

우리 속담에 "굴러들어온 돌이 박힌 돌 빼낸다."라는 말이 있다. 외부에서 들어온 사람이 내부에 있던 터줏대감들을 몰아낸다는 의미인데, 그리 좋은 뜻으로 사용되는 것 같지는 않다. 그러나 잘되는 회사에서는 굴러온 돌이 박힌 돌도 빼낸다.

지금은 보편화되었지만, 국내 대기업이 공개채용(공채)을 시작한 것만 해도 당시엔 커다란 진전이었다. 기업규모가 본격적으로 커지기 전인 1970년대 초반까지만 해도, 직원을 공채로 뽑는 경우는 일반적이지 않았다. 그러나 일부 대기업을 중심으로 도입되기 시작한 공채제도는 보편화되기 시작해, 회사 내에서도 '공채 몇 기'라는 단어가 나타내듯이 커다란 자부심으로 자리 잡았다.

공채제도가 가지는 장점도 많다. 조직에 대한 충성심이 강한 사람을 중심으로 조직이 구성될 수 있고, 공채기수 중심으로 형성된 네트워크는 사내 공식적 의사소통을 보완하는 역할을 할 수도 있다.

하지만 공채제도는 공채로 입사하지 않은 사람에 대한 배타성을 가질 수 있다는 결정적인 문제점을 가지고 있다. 경력사원으로 입사한 사람에 대해, 잠시 왔다가는 손님이나 조직 내 이물질 정도로 생각하는 경향이 생기기 쉽다. 그러다 보니 외부로부터 새로운 피가 수혈되기 어려운 문화로 변화하기 쉽고, 이는 경우에 따라 고인물이 썩듯이 조직의 침체로 이어지게 된다.

잘되는 회사는 굴러들어온 돌이 박힌 돌을 빼내는 경우도

침체된 조직일수록 역설적으로 외부에서 인력이
들어오는 것을 싫어하며, 노조를 중심으로
기득권만을 지키려고 하는 현상이 두드러진다.

많다. 능력만 있다면 아무 문제가 되지 않는다. 실제로 사회의 다른 분야에서 경력을 쌓은 우수한 인력이 경력사원 형태로 일정부분 공급됨으로써 가지는 장점은 많다. 조직 내 긴장감을 높이고, 건전한 경쟁을 유도하며, 조직 외에서 쌓은 경험을 조직이 배울 수도 있는 것이다.

안되는 회사는 돌이 굴러들어오지 않는다. 일시적으로 굴러들어온 돌도 견디지 못하고 다시 튀어나가기 때문에, 돌이 굴러들어올 생각조차 않는 것이다. 침체된 조직일수록 역설적으로 외부에서 인력이 들어오는 것을 싫어하며, 노조를 중심으로 기득권만을 지키려고 하는 현상이 두드러진다.

38
형식적이고 헤픈 칭찬은 하지 않는다

잘되는 회사는 칭찬으로 열정을 불러일으키고, 보상도 확실하다.
안되는 회사는 형식적인 칭찬과 포상을 헤프게 한다.

10여 년 전 『칭찬은 고래도 춤추게 한다』는 책이 화제를 모은 적이 있다. 사실 조직에서 잘한 일에 대해 칭찬을 하는 것과 잘못한 일에 대해 벌을 주는 것은 모두 중요하지만, 특히 칭찬을 하는 것은 긍정적 가치를 확대시킨다는 점에서 효과가 크다.

오래전 TV에서 〈칭찬합시다〉란 프로그램이 방송된 적이 있다. 평범하지만 칭찬받아 마땅한 분들이 우리 사회에도 많이 있다는 것을 느끼게 한 프로였다.

우리나라 기업에서도 2000년대 초반부터 칭찬경영 열풍이 불었다. 사내에서 직원들이 칭찬받을 만한 일을 찾아내 격려하고 공유하면서 긍정적인 자세를 확산하고 조직 분위기도 활성화한다는 취지였다. 중소기업과 대기업을 막론하고 도입된 칭찬경영은 CEO부터 말단 직원까지 참여하면서 전사적인 프로그램으로 진행되는 경우가 많았다.

이처럼 정말 잘한 일에 대한 칭찬은 열정을 불러일으킨다. 특히 조직 내에서 잘 드러나지 않는 숨은 보석들을 찾아내서 칭찬하는 것은 큰 효과가 있다.

그러나 칭찬받을 자격이 없는 사람을 칭찬하거나 지나치게 헤픈 칭찬은 오히려 조직을 마비시킨다.

"여러분이 만약 아무 일도 하고 있지 않은 사람에게 훌륭한 일을 하고 있다고 칭찬한다면 그는 곧이듣지 않을 것이며, 나아가서는 칭찬받아 마땅한 일을 하고서도 여러분이 하는 칭찬을 믿지 않을 것이다."

훈족의 왕 아틸라가 남긴 말이다. 아틸라의 말대로 헤픈 칭찬은 칭찬의 가치를 떨어뜨리고, 꼭 칭찬해야 할 때 칭찬할 수 없게 만든다. 실제로 표창장이나 공로패를 남발하는 회사일수록, 정작 칭찬하고 상을 받을 사람에게 못 주는 경우가 많지 않은가.

잘되는 회사는 적절한 칭찬으로 열정을 불러일으키고 확실한 보상도 따른다. 안되는 회사는 형식적인 칭찬과 포상을 헤프게 한다. 결국 나중에는 칭찬하고 싶어도 칭찬할 수 있는 방법이 없는 곤란한 처지에 빠지고 만다.

39
술만 축내는 잦은 회식의 폐해를 안다

잘되는 회사는 회식이 의사소통의 창구 역할을 한다.
안되는 회사는 잦은 회식을 하며 애꿎은 술만 축낸다.

살아가면서 사람이 하는 기본적 행동 중의 하나가 먹는 것이다. 특히 모여서 같이 먹는 것만큼 공동체적 느낌을 쉽게 형성하는 행위도 드물 것이다. 오죽하면 성경에서도 예수가 어디에 가서 거기 있는 사람과 함께 했다는 표현을 할 때 "그들과 함께 먹고 마셨다."라고 했겠는가.

아무튼 우리나라의 회식문화는 너무나도 유명하다. 다양한 형태의 회식이 빈번하고, 직장 다니는 사람치고 소위 부서회식에 참가해 보지 않은 사람은 없을 것이다.

회식은 왜 하는가? 말 그대로 모여서 먹는 것인데, 요즘 밥 먹기 어려워 같이 회식하는 경우는 없을 것이다. 회사생활 하면서 평소에 서로 못 하던 이야기도 하고, 부담 없이 상하 간에 의견교환도 하고, 소위 2차 · 3차를 하면서 인간관계에 조금 맺힌 것이 있다면 풀어보려고 회식을 하는 것이 아닌가. 회식은 우리나라 회사들의 독특한 조직 내 커뮤니케이션 양식인 것이다.

그러나 잦은 회식이 원활한 커뮤니케이션을 뜻하는 것은 아니다. 오히려 커뮤니케이션이 안되는 조직일수록 회식이 빈번하다. 의사소통이 안되는 것 같으니, 의사소통을 위해서 회식자리를 가지고 이런저런 이야기를 한다. 하지만 별 효과가 없는 것 같으니 또 회식자리를 가진다.

회식자리에서는 상사들이 하는 이야기를 듣는 척하면서 고개를 끄덕이는 것 말고는 하급자가 할 일이 별로 없다. 회식자리라고 솔직하게 이야기해 봐야 자기한테 돌아오는 것이 없다는 것을 잘 알기 때문이다.

커뮤니케이션이 안 되는 조직일수록
회식이 빈번하다.

커뮤니케이션이 안되는 조직에서 회식자리를 아무리 많이 가져봐야 돈과 시간만 낭비할 뿐이다. 사실 안되는 회사일수록 회식을 자주 한다. 그러나 먹고 마시는 행위만 반복되는 것이지, 커뮤니케이션을 제대로 하지는 못한다.

40
짧고 굵은 회의로 결론을 이끌어낸다

잘되는 회사는 짧고 굵은 회의로 결론을 이끌어낸다.
안되는 회사는 지시만 무성할 뿐 결론 없이 회의가 끝난다.

한 회사를 가장 빨리 파악하고 싶다면, 직원들의 회의에 몇 번 참석해 보면 된다. 회의를 하는 방식과 수준은 회사의 모든 것이 녹아 있는 기업문화의 결정체이기 때문이다.

회사에서는 상사들이 지시사항을 전달하는 지시형 회의, 해결책을 모색하기 위한 토론형 회의, 정보를 교류하기 위한 모임형 회의, 다양한 의견을 듣고자 하는 세미나형 회의 등 여러 가지 회의가 다양하게 열리고 있다. 잘되는 회사는 목적에 맞게 회의가 진행되는 형식이 달라진다. 그러나 안되는 회사는 목적에 상관없이 진행되는 형식이 동일하다.

일방적 의사소통만 있는 회사에서는 유달리 지시형 회의가 많다. 바쁜 사람을 모아놓고 단순지시형 회의를 하는 것이다. 인터넷이나 이메일이 발달한 세상에서 지시사항을 전달하기 위해 회의를 하는 것만큼 무식한 짓은 없다. 그러나 망가지는 회사일수록 지시를 하기 위한 회의를 끊임없이 해댄다.

지시형인 조용한 회의가 생산성이 없다면, 중구난방형 회의는 생산적일까? 절대로 그렇지 않다. 중구난방으로 떠드는 회의는 겉으로는 활발한 의견교환이 이루어지는 것처럼 보일지 모르나, 실제로는 지시형 회의보다도 더 못하다.

왜냐하면 지시형 회의는 짧은 시간에 끝나기라도 하지만, 중구난방형 회의는 진전도 없이 시간만 엄청나게 잡아먹기 때문이다. 참석자 모두가 많이 떠들고, 무엇인가 기여한 느낌은 받지만, 사실은 모두들 허탈하게 회의장을 빠져나온다. 결론이 없기 때문이다.

중구난방형 회의는 업무진행의 표준이 없고, 시스템화되어 있지 않으며, 목소리 큰 사람이 이기는 무질서한 회사에서 주로 이루어진다.

얼굴을 보고 이야기해야 좋은 결과가 나올 때 회의를 하는 것이지, 단순히 얼굴을 보고 이야기하기 위해 회의를 하는 것은 아니다. 그러나 안되는 회사는 얼굴을 보지 않고 할 수 있는 의사소통도 굳이 회의를 통해서 한다. 그리고 직원들은 회의 때문에 일할 시간이 없다고 항상 투덜거린다.

회의는 많이 할 수밖에 없다. 많은 사람들의 아이디어를 모아서 합리적 의사결정을 내리는 것이 더욱 중요해지고 있기 때문이다. 의사결정자 입장에서도 결론을 내리기 전에 다른 사람들의 의견을 듣고 싶은 것은 당연하다.

잘되는 회사나 안되는 회사나 회의는 많다. 차이점은 잘되는 회사는 회의 후 결론이 분명히 내려진다는 것이다. 최소한 결론이 나지 않더라도, 그 결론을 내기 위해 다음 회의는 어떤 주제로 진행되어야 한다는 것은 결정한다.

안되는 회사의 회의는 갑론을박, 중구난방 시간은 많이 쓰지만 결론이 없이 끝나는 경우가 많다. 그리고 결론이 났는지, 왜 결론이 나지 않았는지, 결론을 내기 위해서는 무엇을 해야 하는지도 모르고 회의가 끝난다.

안되는 회사일수록 회의는 많지만, 의사결정은 느리다. 사람들이 모여서 이야기만 할 뿐이지 의사소통을 못하기 때문이다. 참석자들이 같은 이야기를 되풀이하기 시작하면 그 회의는 끝이다. 그런데 참석자들은 같은 이야기를 되풀이하는 줄도 모르고 서로 계속 이야기를 한다. 그리고 결론은 목소리 큰 사람에 의해서 나거나 회의 내용과 관계없이 난다.

41
토론은 중요하지만 만병통치약이 아님을 안다

//

잘되는 회사는 꼭 필요할 때, 꼭 필요한 사람만 모여 토론한다.
안되는 회사는 아무 때나 쓸데없이 많은 사람이 모여 토론한다.

회사는 살아 움직여야 한다. 시장이 변하고, 고객이 변하고, 경쟁자가 매일 변화한다. 이러한 변화 속에서 올바른 방향을 찾는 것이 말처럼 쉬운 일은 아니다. 그래서 많은 토론을 통해 다양한 아이디어를 모아야 하는 것이다. 또한 토론은 의사결정을 하기 전에 관련자들이 모여서 서로의 생각을 들어보고, 결정하기 전에 꼭 고려해야 할 사항에 대해서 점검해보는 계기도 마련해준다.

그러나 토론이 모든 것을 해결할 수는 없다. 토론의 효용은 제한적이다. 토론을 통해서 얻을 수 있는 것도 많지만 잃을 수 있는 것도 많다. 회사의 경우, 임원회의 수준에서 논의하는 안건은 실무자들의 검토를 거쳐 기본적인 문제는 파악된 것이 대부분이다. 이런 상황에서 원점부터 토론을 하다보면 시간도 낭비될 뿐더러 회의가 말 잘하고 임기응변에 능한 사람 중심으로 진행되기 쉽다.

회사에는 언변이 부족하더라도 판단력이 좋은 사람도 있는 법인데, 이런 사람들의 입지가 토론장에서는 크지 않다. 그리고 모든 것을 토론과 말로 해결하려 하면, 중요한 회의도 임기응변과 입씨름으로 무장한 탤런트들의 경연장으로 전락하기 쉽다.

회사는 공공기관과 달리 중요한 의사결정이 꼭 많은 토론을 거칠 필요는 없다. 공개된 토론이 의사결정의 질을 보장해주지 않는다. 정치나 행정은 절차도 중요하기 때문에 의사결정 과정에서 공개된 토론은 합리적 결론만큼 중요하다. 그러나 회사에서는 사안을 충분히 이해하고 판단할 수 있는 사람

회사는 살아 움직여야 한다. 그래서 많은 토론을 통해
다양한 아이디어를 모아야 하는 것이다.

만이 논의에 참가하면 충분하다. 토론참가자의 숫자와 결론의 질은 반비례하는 경우도 많다.

토론은 사장부터 사원에 이르기까지 누구와도 할 수 있고, 직급과 형식을 뛰어넘는 토론은 중요한 의사소통의 기회를 제공한다. 그러나 이런 형식의 파격적인 토론이 지나치게 자주 일어나면, 회사의 의사결정 구조는 왜곡되기 마련이다.

직원들도 나름대로 생각이 있는데, 이것을 모두 사장과 이야기하기 시작한다면 중간간부들은 존재할 이유가 없어진다. 따라서 파격적인 토론은 간간이 이루어지더라도, 근본적으로 토론은 비슷한 의사결정 계층 간에 일어나는 것이 가장 효과적이다.

42
자금부와 회계부가 큰소리치지 않게 한다

잘되는 회사는 자금부와 회계부가 보조기능으로 최선을 다한다.
안되는 회사는 자금부와 회계부가 제2의 권력 행세를 한다.

저명한 경제학자인 마이클 포터는 회사의 기능을 주활동과 보조활동으로 구분했다. 주활동은 구매 · 생산 · 물류 · 판매 · 마케팅 · 고객서비스로 이어지는 회사의 본질적 기능이고, 보조활동은 주활동을 지원하는 인사 · 연구개발 · 디자인 · 기획 · 재무 등의 기능이다.

산업의 특성이나 회사의 특성에 따라 주요한 기능은 달라진다. 안정적인 시장 환경을 가진 시멘트 · 정유 · 철강 등의 업종은 생산 · 관리 기능이 중요하고, 급변하는 최종 소비자의 기호변화를 따라가는 것이 중요한 백화점은 구매·판매·마케팅 기능이 중요하며, 기술집약적인 첨단부문의 회사는 연구개발 기능이 중요하다. 회사마다 핵심기능이 다르기 때문에 내부 발언권도 이에 따라 결정되는 경우가 많다.

자금부와 회계부 역시 중요한 기능이지만 본질적으로 보조 기능이다. 그런데 이들 부서가 소위 힘이 세다는 것은 무엇을 의미할까?

자금부가 힘이 세다는 것은 자금사정이 좋지 않다는 것을 뜻하는 경우가 많다. 자금사정이 좋지 않은 회사는 돈을 빌려오는 것이 가장 중요하기 때문이다. 회계부가 힘이 세다는 것은 회계처리가 복잡하게 이루어지는 속사정이 있는 경우가 많다. 간단히 말해서 자금부, 회계부가 힘이 세다는 것은, 회사의 자금사정이 좋지 않거나 투명한 회계를 하지 못하고 대주주를 위한 떳떳하지 못한 자금흐름이 있을 가능성이 높다.

건축자재 부문에서 국내 정상급이었던 어떤 회사는 자금부와 회계부가 비정상적으로 막강했다. 이 회사의 자금회계담당 임원은 오너인 대주주의 신임이 워낙 두터워 사장의 말도 듣지 않았다. 사내에 일종의 성역을 구축하고 있었고, 사장에게 보고도 제대로 하지 않을 정도였다.

이 회사는 결국 은행관리로 넘어가 겨우 연명하는 신세가 되었는데, 후문에 의하면 오너의 비자금 관리를 자금담당 임원이 오랫동안 해오다 보니, 나중에는 오너도 어떻게 하지 못하는 별도의 권력이 되었다고 한다. 이와 비슷한 사례는 현실에서 의외로 드물지 않다.

4장

바쁜 사람보다
일하는 사람을 대접한다

43
좋은 인재와 아이디어는 어디에서든지 얻는다

잘되는 회사는 사람을 얻고자 삼고초려를 아끼지 않는다.
안되는 회사는 협소한 내부에서만 사람을 찾는다.

좋은 인재와 아이디어는 출신과 출처를 묻지 않고 구해야 한다는 것에 동의하지 않을 사람은 없을 것이다. 그러나 매사가 말은 쉽고 실천은 어렵듯이 이것도 말처럼 쉬운 일은 아니다. 그러나 잘되는 회사는 분명 이 점에서 다르다.

1980년대에 세계경제를 호령하던 일본이, 1990년대 10년의 불황을 거쳐 이제는 일본의 국가부도 가능성을 일간지 기사로 다루는 신세가 되었다. 일본경제의 전성기와 침체기, 그리고 회생의 희망을 대표하는 기업으로 자동차 회사인 닛산이 있다.

'기술의 닛산'이라는 슬로건으로 일세를 풍미하던 닛산은 경영상황이 급격히 악화되어, 2000년에 프랑스 르노그룹에 편입되었다. 당시 르노는 닛산의 회생을 위해서 일본기업 최초로 외국인인 브라질 출신 카를로스 곤 사장을 선임하고 강력한 회생프로그램을 시작했다.

곤 사장 취임 초기에 일본 언론은 일본의 독특한 기업문화 속에서 외국인 최고경영자가 살아남기 어려울 것이라는 우려를 했다. 그러나 곤 사장은 '코스트 커터Cost Cutter; 비용절감지상주의자' '학살자'라는 비난을 받으면서도 꿋꿋하게 구조조정과 비용절감을 완수해 닛산을 멋지게 회생시키며 일본에서 경제회생의 이정표를 세웠다. 가장 일본적인 산업이라고 일컬어지던 자동차 산업에서 외국인 경영자를 영입해 기업회생의 전기를 마련했고, 기업경영의 새로운 모델을 확립한 것이다.

2002년 고려 광종의 일대기를 다룬 드라마 〈제국의 아침〉이 방영된 적이 있었다. 이 드라마는 고려를 창업한 것은 왕건이지만, 500년 왕업의 기틀을 마련한 사람은 4대인 광종이라는 것을 강조해 화제가 되었다.

949년 즉위한 광종은 고려 개국에 공을 세운 강력한 호족들에 둘러싸인 취약한 여건을 감안해 7년 동안 때를 기다리며 준비했다. 이 때 광종은 중국 후주에서 외교사절로 온 중국인 '쌍기'를 만난다. 광종은 그의 지식과 경륜에 감명을 받아 후주의 왕에게 청해 자신의 개혁참모로 발탁한다.

광종과 쌍기는 힘을 합쳐 노비안검법을 시작으로 과거제 시행 등과 같은 전격적인 개혁에 착수하면서, 지방호족을 약화시키고 왕권을 확립하는 데 성공한다. 광종의 탁월함은 쌍기의 능력을 파악하고, 외국인이라도 중용해 자신의 목표를 달성했다는 데 있다.

잘되는 회사는 좋은 인재와 아이디어를 널리 구한다. 내부에서 뛰어난 인재를 발굴하고 키우는 것도 중요하지만, 필요하면 외부에서 인재와 아이디어를 얻는 데 주저하지 않는다. 안되는 회사는 협소한 내부에서만 인재를 구하고 아이디어를 얻으려고 한다.

44

아르바이트생에게도 사장의 꿈을 심어준다

잘되는 회사는 능력만 있으면 누구든지 CEO를 꿈꾼다.
안되는 회사는 제아무리 잘나도 CEO는 꿈도 꾸지 못한다.

미국 애틀랜타에는 전 세계적으로도 유명한 3개의 회사가 있다. 24시간 뉴스채널인 CNN, 코카콜라, 그리고 세계 최대의 택배업체인 UPS가 바로 그들이다.

그 중에서도 UPS의 전 세계 사업장 직원은 무려 36만 명에 이른다. 배송기사, 창고운영인력 등 노동인력이 절대적으로 많이 필요하기 때문이다. 거기에다 직원들이 일일이 고객을 찾아나서야 하는 업종이다 보니 UPS에서 노사관계의 안정은 기업성공의 관건이다. 택배업에서의 파업은 곧 회사업

잘되는 회사에서는 능력만 있으면
성공할 수 있다고 하는 믿음과 가능성이 있다.

무의 전면 중단으로 이어져 회사에 큰 타격이 된다.

노사관계를 안정시키는 UPS의 기업문화 중 두드러진 것은 내부승진이 활발하다는 것이다. 단순히 물건을 배송하는 트럭운전 기사로 입사했더라도 회사를 위해 열심히 일하고 능력을 인정받으면 경영진 자리까지 승진할 수 있다. 직원들도 열심히 일하면 당연한 보상을 받는다는 점을 알고 있기 때문에 열심히 일하고, 이것은 업무효율성으로 연결된다.

UPS가 독일에 처음 진출했을 때 독일 택배업체 트럭운전사들의 직업만족도는 극히 낮았다. UPS는 급여를 업계최고 수준으로 올리고, 능력을 인정받으면 임원진도 될 수 있다는 것을 강조했다. 고임금과 승진에 대한 기대감이 커지면서 생산성이 올라가고 성공적으로 독일시장에 자리를 잡을 수 있었다.

2003년 UPS의 대외홍보를 총괄하고 있었던 커크 쿠엔 홍보담당 부사장도 트럭운전사 출신이고, 중간간부진도 현장출신이 많다.

"우리 회사의 사장도 시작은 시간제 아르바이트였습니다. 여러분도 우리 회사에서 꿈을 찾아보십시오." 1955년 창업해 현재 전세계 119개국에서 3만 4천여 개의 매장을 운영하고 있는 맥도날드의 아르바이트 모집 광고다.

실제로 역대 글로벌 CEO 8명 중 6명이 매장 알바생 출신이다. 2004년 맥도날드 CEO로 취임한 '찰리 벨'은 14세에 호주 시드니 매장에서 계약직으로 소위 바닥에서부터 출발했다. 매장 바닥을 닦는 일부터 시작한 덕분에 매장 운영시스템에 대해 속속들이 알았고 그것이 곧 기회였다고 그는 회고했다.

잘되는 회사에서는 능력만 있으면 성공할 수 있다는 믿음과 가능성이 있다. 안되는 회사는 능력이 있어도 학벌, 배경이 좋거나, 아니면 운이라도 좋아야 승진할 수 있다는 체념이 지배한다.

45
바쁜 사람보다 일하는 사람을 대접한다

잘되는 회사는 이유 없이 바쁘기만 한 사람을 내보낸다.
안되는 회사는 바쁜 사람이 일하는 사람보다 인정받는다.

바빠 보이는 사람이 늘 일을 하고 있는 것은 아니다. 회사조직이란 기본적으로 사람의 모임이기 때문에 사람들이 모였을 때 나타날 수 있는 모든 면들이 나타나게 마련이다. 게으름뱅이나 아첨꾼도 있고, 성실하고 능력 있는 사람도 동시에 존재한다.

아첨꾼일수록 자신을 중요한 사람으로 인식시키는 데 능숙하며, 게으름뱅이는 겉으로는 바쁘게 일을 처리하는 듯하지만 실제로 중요한 일은 아무것도 하는 것이 없는 경우가 많다. 단지 상사에게 중요한 일을 하는 것처럼 보이려고만 하고, 어려운 의사결정은 하지 않는 것이다.

실제로 회사에서 중요한 일을 하는 사람은 자기분야에서 정확한 의사결정을 내리고 성과가 있는 일을 하는 사람들이다. 이런 사람들이 꼭 바쁘게 보이는 것은 아니다. 성실한 사람일수록 자신의 성실함을 드러내는 것에 익숙하지 않기 때문이다.

인적자원 관리기법이 발달한 컨설팅 회사의 경우에는, '바빠 보이는 것'과 '일을 하는 것'을 구분하는 확실한 체계가 있다. 직원들의 총 업무시간을 파악하고, 이를 수익창출에 기여한 시간과 그렇지 못한 시간을 구분해 직원당 생산성을 평가하는 것이다.

이렇게 되면, 바쁘게 일하는 것처럼 보이지만 생산성이 낮은 사람과 그렇지 않은 사람의 구별이 뚜렷해진다. 직원들은 자연히 자신의 업무시간을 가능하면 수익성 및 성과와 연관되는 일에 사용하게 된다.

잘되는 회사는 바빠 보이지만 중요하지 않은 일을 하는 사람과 바쁘게 보이지 않더라도 중요한 일을 하는 사람을 구분할 줄 안다. 그리고 바쁘게만 일하는 사람보다는 성과를 내는 중요한 일을 하는 사람에게 보상을 하고, 기회를 부여한다.

안되는 회사는 바쁜 사람과 일하는 사람을 구분하지 못한다. 그러다 보니 중요하지 않은 일을 바쁘게 하는 사람이 잘되는 경우가 많다. 바쁜 사람과 일하는 사람을 구분하지 못하는 회사라면, 직원들은 수익성이나 성과와 관련이 적더라도 바쁘게 보이는 일을 먼저 할 가능성이 높다.

46
사장의 철학을 실천하는 분신들을 만든다

잘되는 회사는 사장의 철학을 실천하는 분신들이 많다.
안되는 회사는 사장의 뒤만 졸졸 따르는 측근들이 많다.

사업을 확장하는 시기에 창업자들은 돈 벌 수 있는 사업은 많은데, 사람이 없어서 못 하겠다는 말을 자주 한다. 즉 모든 일을 창업자 혼자서 처리할 수 없으므로, 큰 원칙을 정해주면 나머지는 알아서 하는 지도자급 경영인이 필요한데 적당한 사람이 없어서 못 한다는 것이다.

잘되는 회사의 경영자들은 자신의 분신을 키울 줄 안다. 리더와 닮은 지도자, 즉 분신을 키우는 과정은 우선 지도자다운 지도자를 뽑는 데서부터 시작한다. 진실로 능력 있는 사람을

잘되는 회사의 경영자들은
자신의 분신을 키울 줄 안다.

선택한 후에야, 리더와 같은 생각을 갖도록 훈련시킬 수 있기 때문이다. 즉 정신sprit을 동일하게 만들어 어떤 상황을 만났을 때 자기와 같은 결정을 내릴 수 있도록 만드는 것이다. 이런 사장의 분신과도 같은 지도자가 양성되면 중책을 맡기고 리더를 보좌하게 한다.

13세기 전반에 세계를 뒤흔들어 놓은 몽골제국의 정복은 동서교류를 본격화하게 한 일대사건이었다. 몽골인들은 각지에 도시를 건설하고 교통망을 정비해 교역을 촉진시켰고, 화폐단위도 통일시켰다. 소위 세계화를 처음으로 시작한 민족이었다.

이러한 대성공의 뒤에는 징기스칸이라는 걸출한 지도자가 있었다. 그가 단기간 내에 대제국을 일으켜 효율적으로 통치할 수 있었던 비결은 자기와 닮은 지도자를 키워서 사방으로 보냈던 데 있다.

이랜드의 박성수 사장도 순식간에 이랜드를 키워낸 비결 중 하나로 징기스칸식 지도자 양성방식을 꼽는다. 박성수 사장은 지도자감을 선정한 후, 정신을 동일하게 하는 과정에서 성경공부방법인 QT quiet time; 경건의 시간를 활용했다. 각자의 입장에서 '성경말씀을 어떻게 경영에 적용할 것인가, 성경을 어떻게 회사업무에 적용시킬 것인가'를 생각하도록 하고, 그 결과를 대화를 통해 피드백하면서 정신을 일치시켰다. 이런 방식으로 키워낸 분신들이 회사가 급성장하는 데 핵심인력들로 성장했다.

국내정상급 대기업의 창업자 한 분은, 후대에 자산이 몇 천억 되는 회사 열 개보다도, 그런 회사를 잘 운영할 수 있는 사장감 열 명을 물려주는 것이 더 도움이 될 것이라고 말하기도 했다. 능력 있는 사람을 찾아서 훈련시켜, 자신의 분신을 만드는 것이 얼마나 중요한지를 잘 나타내고 있다.

잘되는 회사는 사장의 생각과 철학을 이해하고 실천할 수 있는 분신들이 있다. 안되는 회사는 사장의 신변에만 신경 쓰는 측근들만 있다.

47
다단계 판매로 성공한 직원이 없게 한다

잘되는 회사는 본업에 집중하지 않는 직원에겐 미련 없다.
안되는 회사는 부업을 본업으로 삼는 직원들을 방치한다.

네트워크 마케팅이 한국에 도입된 것은 1990년대 초반이지만, 1997년 경제위기 이후 비약적으로 성장했다. 평생직장 개념이 순식간에 사라지고, 직업 안정성이 떨어지면서 불안해진 샐러리맨들이 부업에 관심을 가지는 것은 어찌 보면 당연할 수도 있다.

하지만 다단계 판매로 성공한 직원이 사내에 있으면, 이는 서서히 망해가는 회사로 봐도 틀림없다. 이 직원의 성공은 역설적으로 다음과 같은 것을 의미하기 때문이다.

"회사의 직원들은 불안하다. 따라서 동료가 근무시간에 개인사업을 하는 것을 당연시한다. 회사의 근무시간에 개인사업을 해서 성공했으니, 회사월급은 공짜로 준 것이다. 인사부는 직원들의 동향에 깜깜이다. 그러다 보니 다른 직원들도 회사일보다 다단계 판매사업의 성공으로 회사를 떠나는 것을 꿈꾸고 있다."

국내 정상급 회사로서 인사관리에는 일가견이 있다고 평가받는 A보험사의 경우, 인력 구조조정 과정에서 1순위를 다단계 판매를 부업으로 하는 직원으로 정했다. 또한 국내 대형 우량은행인 B은행도 다단계 형태의 부업을 하지 않겠다는 약속을 직원들에게 받아내고, 적발될 경우에는 인사상 불이익을 주는 것을 명문화하고 있다.

몇 년 전 대표적인 다단계 판매기업인 A사의 사업 설명회에 우연히 참석한 적이 있었다. 100명 이상의 사람이 참석한 가운데 30대 중반의 연사가 열변을 토하고 있었다. 그 사람은 사업 시작 후 2년 만에 월 1천만 원 이상의 고정수입이 생기게 되었다면서, 적극적으로 이 사업을 하라고 권유하고, 자기를 서울 소재 모 유명대학의 공과대 교수라고 소개했다.

달리 말하면 대학교수도 하는 사업이니 신뢰하라는 것인데, 나는 놀랄 수밖에 없었다. 요즘처럼 학문의 발전이 빠른 세상에, 그것도 전자계통 공학교수라면 한눈 팔지 않고 죽어라 열심히 공부해도 이론의 발전을 따라갈까 말까인데, 이 사람은 교수라는 직함만 이용하고 순전히 자기 장사를 하는 게 아닌가.

이 사람은 돈을 벌지는 몰라도 이 사람에게 배우는 학생들은 무엇을 배울 것이며, 학생을 열심히 가르칠 것이라고 보고 봉급을 주는 학교는 어떻게 된 것인가 하는 생각이 머리를 떠나지 않았다.

다단계 판매사업의 성공담이 많다는 것은, 회사가 조직적으로 무너졌다는 뜻이다. 샐러리맨이 부업에 관심을 가질 수는 있다. 그러나 부업이 본업이 될 정도라면, 회사는 직원에게 선택을 강요해야 한다.

다단계 판매로 성공한 직원이 사내에 있으면,
이는 서서히 망해가는 회사로 봐도 틀림없다.

회사에 다니면서 근무시간에 회사전화로 개인사업을 하는 개인사업자들이 득실댄다면, 이는 망하는 회사라고 봐도 틀림없다.

48
사내에 주식투자 성공담이 떠돌지 않게 한다

잘되는 회사는 근무시간에 딴 일을 할 엄두조차 내지 못한다.
안되는 회사는 근무시간에 주식투자하는 사람이 득실거린다.

사오정이라고 해서 '45세 정년'이 당연시되고, 오륙도라고 해서 '56세에 회사 다니는 사람은 도둑놈'으로 치부받는 세상이다. 그러다 보니 믿을 건 돈밖에 없다.

이런 현실에서 직원들이 부동산, 채권, 주식에 관심을 가지는 것은 어찌 보면 당연하다. 특히 적은 돈으로 시작하기 쉽고 성과가 즉시 나타나는 것이 주식투자인 만큼 많은 직원들이 주식에 관심을 가지는 것은 자연스러운 일이다.

하지만 잘 생각해봐야 한다. 주식은 부동산이나 채권과는 차원이 다르다. 부동산이나 채권에 투자하는 것도 관심이 필요하지만 시세변동이 주식만큼 크지 않으므로, 시간투자가 많지 않아도 된다. 그러나 주식투자는 많은 시간과 노력이 들어가지 않으면 성공하기 어렵다.

주식투자를 하기 위해서는 매수와 매도 타이밍을 찾기 위해 시세확인도 자주 해야 하고, 투자정보도 부지런히 찾아 읽어야 하며, 투자정보 교환도 심심치 않게 해야 한다. 투자규모가 늘어날수록 신경 써야 하는 것도 많아진다.

사내에서 주식투자 성공담이 많아진다는 것은 근무시간에 딴 데 신경 써서 성공한 직원이 많아지고 있다는 반증이다. 이럴 경우, 회사 업무에 대한 집중도가 떨어지는 것은 당연하다.

주식투자 규모가 연 수입의 30%를 넘기 시작하면, 주된 관심이 주식투자로 이전되었다고 봐도 틀림없다. 사내에 주식투자 성공담이 많아진다면, 일단 조직 분위기에 적색 신호가 켜진 것으로 봐야 한다.

게다가 주식투자 결과는 마지막에 안다고 하듯이, 돈을 벌고 그만두기보다는 돈을 털리고 그만두는 경우가 많다. 오늘의 주식투자 성공담의 주인공이 내일 회사 돈에 손대는 사람이 되는 경우도 많다.

49
메모하고 기록하는 회사문화를 만든다

잘되는 회사는 돈 되는 정보를 건지기 위해 메모를 한다.
안되는 회사는 지루한 시간을 때우기 위해 낙서를 한다.

삼성그룹 창업주인 고 이병철 회장은 항상 수첩과 펜을 가지고 다니면서, 그때그때 떠오르는 아이디어를 꼼꼼히 메모하는 습관이 있었다. 당연히 부하 직원들도 메모습관을 가지도록 강조했다.

한 번은 이 회장이 계열사를 방문해 현장을 둘러보면서 의견교환을 하고 있던 중, 동행한 계열사 임원이 메모를 하지 않는 것을 발견했다. 이 회장이 그 임원에게 왜 메모하지 않느냐고 물었더니, 임원은 그때서야 수첩을 안 가지고 왔다며,

회장님의 말씀을 기억해서 다음부턴 꼭 가지고 다니겠다고 대답했다. 하지만 이 회장은 그 자리에서 임원에게 불호령을 내리고 당장 좌천시켰다.

우리나라는 기록문화가 부족해서 메모 습관이 부족하다는 이야기가 있다. 과거 당쟁이 극심할 때 몇 십 년 전의 기록을 들춰내서 문제 삼는 사례가 많다 보니 메모 습관이 부족해졌다는 설도 있다.

그러나 우리에게도 조선왕조실록과 같은 500년에 걸친 체계적 기록물을 남긴 역사가 있다. 독일의 세계적 지성인 위르겐 하버마스는 1996년 4월 해인사를 방문하면서 유네스코가 지정한 세계문화유산인 팔만대장경을 보고 깊은 인상을 받았다고 했다. "마치 한 사람이 새긴 것 같은 대장경판을 만들어낸 한국인들의 정신적 저력은 대단하다. 한국인은 세계 수준의 기록문화를 이미 1천 년 전에 성취했다."라고 평한 그의 말처럼 한국인의 기록문화는 역사가 깊다.

최근 지식경영이 21세기 경영의 화두가 되고 있다. 지식경영에서는 지식의 종류를 존재형태에 따라 암묵지와 형식지로 구분한다. 암묵지는 언어나 문서 등의 형태로 표현할 수 없지만 알고는 있어서 행동에 영향을 끼치는, 몸에 배어있는 지식이다. 반면에 형식지는 언어나 그림, 동영상, 수식 등 구조적인 형태로 표현된 지식을 뜻한다.

지식경영의 대가인 노나카 이쿠지로는 암묵지에서 형식지로의 변환에 입각한 지식생성 모형을 제안했는데, 암묵지에서 형식지로의 변환 수준이야말로 회사의 지식경영의 주요지표가 된다.

메모는 순간적으로 생기는 아이디어나 암묵지 형태의 노하우를 형식지로 변환시키는 아주 중요한 기본자료다. 메모하고 기록하지 않으면 지식과 노하우가 축적될 수도 없고, 의사소통도 원활히 이루어질 수 없다.

성공한 사람들의 중요한 습관 중 하나가 메모이듯이, 잘되는 회사의 직원도 메모가 습관화되어 있다.

메모는 순간적으로 생기는 아이디어나 암묵지 형태의 노하우를
형식지로 변환시키는 아주 중요한 기본자료다.

물론 안되는 회사의 직원들도 메모장은 가지고 다니지만 정작 중요한 메모는 하지 않는다. 안되는 회사의 회의 모습은 오래전에 방영되었던 코미디 프로그램의 〈회장님 우리 회장님〉의 한 장면과 비슷하다. 상사가 소집한 회의에서 참석자들은 열심히 메모를 한다. 그러나 그들은 메모하는 게 아니라 지루한 시간을 때우기 위해 낙서를 하고 있었던 것이다.

50
직원들의 독서량에 관심을 가진다

잘되는 회사는 지금의 나와 달라지기 위해 책을 읽는다.
안되는 회사는 위에서 보라고 하니까 억지로 책만 산다.

잘되는 회사는 직원들의 평균 독서량이 많다. 나아가 잘되는 회사는 독서대학과 같은 프로그램을 통해 직원들에게 체계적으로 책을 읽게 하고, 책을 통해 사고를 하는 능력을 훈련시킨다. 안되는 회사는 직원들의 독서량에 관심도 없고, 직원들도 독서의 가치를 인식하지 못한다.

우리나라에서 사내독서 프로그램을 구체화시킨 사람으로 이랜드 창업자인 박성수 사장을 꼽는다. 박 사장은 젊은 시절에 병에 걸려 2년간 누워있으면서도 3천 권의 책을 읽었고,

이것이 사업을 하는 중요한 정신적 기반이 되었다고 밝힌 바 있다.

박 사장은 이랜드 사보에서 책을 읽어야 하는 이유로 다음의 5가지를 들었다. 첫째, 지금의 나와 달라지고 싶다면 책을 읽어라. 좋은 책 한 권을 읽은 사람과 읽지 않은 사람의 차이는 크다. 둘째, 아이디어가 필요하다면 책을 읽어라. 좋은 책은 정보와 함께 자극을 준다. 셋째, 자기중심적 사고에서 벗어나려 한다면 책을 읽어라. 책에는 다른 사람의 생각이 있다. 넷째, 승진하기를 원한다면 책을 읽어라. 책을 읽지 않고 승진이 가능한 회사는 장래성이 없다. 다섯 째, 잘난 척 하려거든 책을 읽어라. 잘난 척 하는 것도 문제지만 머리에 든 것도 없이 잘난 척 하는 것은 더 큰 문제다.

한마디로 책을 읽지 않는 사람은 희망이 없다는 것이다. 이랜드의 경우, 1990년대 초반에 교육팀을 만들면서 독서를 정식과목으로 채택했다. 보통 1개월에 10권의 책을 다 읽고 독후감을 써서 평가를 받아야 한다. 그리고 10권의 책은 사장이 직접 100권 이상을 읽어보고 직접 선정한다.

체계적인 책읽기 프로그램은 국내의 많은 회사들도 시행하고 있다. 회사는 권장도서목록을 제시하고, 직원들은 업무와 관련된 분야의 책을 읽으면서 소양을 넓히고, 자기계발의 기회를 갖는다. 경우에 따라 학점형태로 인사고과에 반영하기도 한다.

특히 2000년대 초부터 본격화하기 시작한 지식경영의 흐름은 독서의 중요성을 더욱 부각시켰다. 책을 많이 보는 직원이 성공한다는 것은, 회사가 새로운 아이디어를 잘 받아들이고, 체계적으로 미래를 준비하고 있다는 것을 뜻한다.

그러나 책을 보는 직원이나 안 보는 직원이나 마찬가지인 회사는, 새로운 아이디어의 필요성도 못 느끼고, 직원들도 자기계발에 나설 동기가 없다는 뜻이다.

좋은 아이디어는 막연한 공상에서 나오지 않는다. 책을 통해 새로운 지식을 습득하고, 문제를 새로운 관점에서 접근하려고 하는 치열한 지적활동의 결과가 좋은 바로 아이디어인 것이다.

시간 여유가 있을 때 독서하는 것은 누구나 할 수 있지만, 바쁜 와중에 시간을 쪼개 독서한다는 것은 무척 어려운 일이다. 그러나 바쁜 와중에도 꾸준히 책을 읽는 습관을 가진 사람이 많아져야 성공하는 회사가 될 수 있다.

51
배우려는 사람을 핵심인력으로 키운다

잘되는 회사는 주변의 모든 것으로부터 배우고자 한다.
안되는 회사는 배움의 자세도 없고 배움의 이유도 모른다.

잘되는 회사는 배우려는 자세가 넘쳐난다. 이런 회사에서는 해외출장시, 매출액 변동시, 새로운 기술이 개발되었을 때 등 여러 가지 상황에서 철저한 평가의 시간이 주어지고, 이를 통해 서로 배우고 발전한다.

이때 배운다는 것은 여러 가지에서 배울 수 있는 것을 찾아낸다는 것이다. 우선 사람에게서 배운다. 실패한 사람에게도 장점이 있고, 성공한 사람에게도 단점이 있다. 단점이 많아 보이는 사람도 성공할 수 있고, 장점이 많아 보이는 사람

잘되는 회사는 배우려는 자세가 넘쳐난다.
또한 장애물을 통해서도 배운다.

도 실패할 수 있다. 이들 모두의 장단점이 조직에게는 교훈이 된다.

또한 장애물을 통해서도 배운다. 장애물을 만났을 때 이를 해결해 나가는 과정을 통해서 배우는 것이다. 배우려는 자세가 있기 때문에 실패하거나 잘못하더라도 알량한 자존심을 내세우지 않고 충고를 겸허하게 수용할 수 있다.

2000년대 초반부터 학습조직의 개념이 경영혁신 방법으로 부각되었다. 잘되는 회사는 조직 전체가 적극적으로 배우려는 자세를 가지고 있고, 학습능력이 높은 사람이 핵심인력으로 성장해 나간다.

안되는 회사는 배우려는 자세도 없지만, 왜 배워야 하는지도 제대로 알지 못한다. 배움의 동기가 없기 때문이다. 동기가 없는데 결과가 있을 수 없다. 더러는 안되는 회사도 배움의 중요성을 이야기한다. 그러나 실제로 배우려는 자세는 없다.

52
업무예절을 확실하게 가르친다

잘되는 회사는 업무 예의를 지키는 게 기본이 되어 있다.
안되는 회사는 술자리 예의는 바른데 업무 예절은 형편없다.

어떤 회사건 일을 하기 위한 상하관계가 있고, 이에 따른 예절이 있게 마련이다. 그러나 예절을 꼭 지켜야 할 때 잘 지키지 않으면서, 잘 지켜도 되지 않을 때 예절이 아주 깍듯한 경우도 많다. 술자리 예절은 깍듯한데, 실제 업무할 때 서로 예절은 없는 경우가 안되는 회사의 특징이다.

술자리에서는 두 손으로 술을 따르고, 받은 잔을 즉시 건네는 등 술 먹는 예절에 충실하다. 한마디로 회식자리에서 윗사람을 깍듯하게 모신다.

반면에 업무할 때 예절은 형편없다. 예를 들어 회의할 때의 예절이 대표적이다. 회의하는 것을 보면 회사의 수준을 안다고 했는데, 안되는 회사는 역시 회의에서도 예절이 없다.

다른 사람의 말을 중간에 가로막으면서 자기 이야기를 한다거나, 논리적으로 맞지 않는 의견을 억지를 부리면서 주장하는데 아무도 제재하지 않는다. 또한 하급자의 의견이라고 무시하면서 인격적인 모욕을 주거나 상급자의 합리적 설득에도 "회사 관두면 될 것 아냐!" 하는 식의 쇠고집을 부리면서 반발하는 경우도 많다.

이런 회사는 외부인을 만날 때도 예절이 없다. 외부사람이 회사를 찾아와서 무엇을 물어도 내가 관여할 바 아니라는 식으로 멀뚱멀뚱 쳐다보거나, 납품업체 등을 만날 때도 소위 물건 사주는 입장을 내세우면서 윽박지르기 십상이다. 한마디로 쓸데없는 예절에는 목숨 걸면서, 정작 중요한 업무예절은 형편없는 것이 안되는 회사의 특징이다.

반면에 잘되는 회사는 업무를 하면서 지켜야 할 중요한 예절은 서로 지킨다. 또한 업무 예절만큼이나 술자리 예절도 반듯하다. 즉 기본이 되어 있는 것이다.

53
시간이 돈이라는 것을 확실하게 알고 있다

잘되는 회사는 중요한 일에 많은 시간을 투자한다.
안되는 회사는 시간에 대한 원가 개념마저도 없다.

세계적인 미래학자 앨빈 토플러는 저서 『권력이동』에서 정보화 사회에서는 "빠른 자가 느린 자보다 높은 경쟁력을 갖게 될 것"이라고 예측한 바 있다. 정보화 사회의 키워드는 '속도 경쟁'이란 뜻이다.

기업들이 그 동안 규모의 경쟁을 벌였다면 2000년대부터는 속도의 경쟁에 승부를 걸고 있다. 속도의 중요성이 커지면서 시간의 가치에 대한 인식도 달라지고, 시간의 원가를 산정해보고, 시간을 절약하기 위한 소위 '시테크'라는 새로운 경영혁신기법이 생겨날 정도다.

저명한 경영학자인 피터 드러커는 "21세기에는 시간이 가장 중요한 자원이다. 게다가 리더에게 가장 중요한 자원은 시간이다. 시간을 관리하지 못하는 리더는 다른 것도 관리할 수 없다."라고 말했다.

빠르다는 것은 시간의 가치를 아는 것이다. 즉 시간의 원가를 알고 원가를 줄이려는 노력을 확실하게 하는 것이다.

과거 주택은행은 직원의 시간당 원가를 산정했다. 영업점에서 전 직원(28명)이 참가하는 1시간짜리 회의를 돈으로 환산하면 48만 원이고 이를 10분 줄이면 8만 원이 된다. 이는 은행의 직급별 1시간당 원가를 지점장 3만 5천 원, 부지점장 3만 1천 원, 차장 2만 6천 원 등으로 계산한 것에 근거한다.

기획예산처가 공무원의 직급별 행정경비를 조사한 결과, 장관은 시간당 9만 7천 원, 차관 6만 5천 원, 1급 4만 원, 2급 2만 8천 원 등으로 나타났다.

잘되는 회사는 직원들이 시간을 효율적으로 쓴다. 중요한

빠르다는 것은 시간의 가치를 아는 것이다.
즉 시간의 원가를 알고 원가를 줄이려는 노력을
확실하게 하는 것이다.

일에 많은 시간을 쓰고, 자칫하면 시간도둑이 되기 쉬운 회의를 효과적으로 진행하며, 쓸데없는 보고서에 시간 낭비하지 않는다. 무엇보다 잘되는 회사는 사장이 시간의 중요성을 잘 알고 있기 때문에 쓸데없는 일을 하게 내버려두지 않는다.

그러나 안되는 회사는 시간의 중요성을 모른다. 말로 해도 충분한 사항을 보고하기 위해, 보고서를 만드느라 야근하고, 별로 중요하지 않은 회의를 계속하면서 시간을 낭비한다. 특히 사장이 시간에 대한 원가개념이 없어 쓸데없는 일을 많이 만드는 경우가 허다하다.

54
아닌 건 아니라고 말하는 열린 회사를 만든다

잘되는 회사는 아닌 건 아니라고 말할 수 있는 부하가 많다.
안되는 회사는 까라면 까는 부하가 상사에게 인정받는다.

회사라는 조직이 무생물체 같아 보이지만 기본적으로는 인간 집단이므로 당연히 구성원들의 감정이 문제가 된다. 리더십에 관한 논의도 지금까지 인간의 지성, 즉 지능지수IQ와 관련이 깊은 기술적, 인지적 능력을 주로 다루어 왔지만, 최근에는 인간의 감성, 즉 감성지능EI; Emotional Intelligence을 리더십의 핵심으로 다루기 시작하고 있다.

1970년대 이후 꾸준히 감성리더십을 연구해온 하버드대학교 매클레랜드 교수의 연구에 따르면, 성과가 높은 스타급

리더들은 평균 수준의 다른 관리자들보다 훨씬 높은 감성지능을 갖고 있었다.

감성리더십이란, 자기감정을 조정할 줄 알고, 다른 사람의 감정을 헤아릴 줄 아는 것이다. 인간이란 복잡한 존재이기 때문에, 논리적으로는 승복해도 감정적으로는 적대감을 가질 수 있다. 흔히 상대방이 자신의 논리를 무시하기보다 자신의 감정을 무시했다고 느낄 때 불쾌감은 더 커진다. 따라서 좋은 상사는 직원을 논리적으로 설득할 수 있어야 하지만, 나아가 감정적으로도 승복시킬 수 있어야 하는 것이다.

자질이 부족한 상사가 득실거리는 조직에서는 직원 모두가 꿀 먹은 벙어리가 될 수밖에 없다. 상사가 억지를 부릴 때 직원들이 다른 의견을 논리적으로 제시해도, 상사는 이를 감정적으로 받아들이기 때문이다.

소위 '까라면, 까' 종교를 신봉하는 상사가 많은 조직에서 솔직한 의견을 말할 직원은 없다. 이런 조직에서는 소위 '최고경영자 증후군'이 생긴다. 직원들이 중요한 정보를 알고 있는데 리더는 정작 그 정보에 대해 차단된 상태를 의미한다. 이는 리더에게 사실을 보고해야 하는 사람이 리더의 노여움을 두려워하기 때문에 이런 현상이 발생한다.

자유로운 사고를 강조하는 학자와 예술가 집단에서도 엄격한 위계질서가 존재하고, 특히 우리나라에서는 선배들 앞에서 꿀 먹은 벙어리가 되는 경우가 많다. 극단적으로 학자나 예술가들은 꿀 먹은 벙어리라도 상관이 없다. 왜냐하면 개인적 행위가 성과를 결정하는 분야이기 때문이다.

그러나 회사에서는 직원들이 꿀 먹은 벙어리가 되어서는 안 된다. 회사는 혼자서 일을 하는 개인이 단순히 모인 것이 아니라, 다른 능력을 가진 개인이 모여서 조직적으로 과제를 해결해야 하는 곳이기 때문이다.

학자나 예술가들의 성과는 100년 후에 제대로 평가받는 경우도 많다. 그러나 회사의 성과는 몇 년 안에 재무제표에 나타난다. 100년 후에 큰 평가를 받을 회사도 5년을 생존할 수 없다면 제대로 평가받을 기회는 영원히 오지 않는다.

55
가십이 아닌 성과에 관심을 집중시킨다

잘되는 회사는 가십은 가십일 뿐이라 흘려듣고 만다.
안되는 회사는 가십이 또 다른 가십을 계속 낳는다.

사람이 모여 사는 곳에 가십은 생기게 마련이다. 가십은 뒷소문, 남의 험담을 뜻하는 말인데, 회사도 사람 사는 곳인 만큼 사람에 대한 뒷소문은 당연히 생길 수밖에 없다.

때때로 가십은 직장생활에 적당한 재미를 주기도 한다. 미모의 여직원이 주말에 누구랑 데이트 하는 것을 봤다는 이야기도 때로는 재미있지 않은가. 가십성 기사로 채워지다시피 한 스포츠 신문이 불티나게 팔리는 걸 보면 가십이 주는 재미를 알 수 있을 것이다.

그러나 사내 가십이 많다는 것은 스포츠 신문과는 다른 의미를 가진다. 첫째로 회사가 별로 바쁘지 않아서 직원들이 할 일이 별로 없다는 뜻이 된다. 둘째로 뒷소문, 험담 등 가십의 형태로 전달되는 정보 중 중요한 것이 있기 때문에 직원들이 관심을 가지고 있다는 뜻도 된다.

상대적으로 여유가 있는 공기업, 목표나 성과에 따른 관리가 잘 되지 않는 회사에서 직원들이 가십에 관심이 많다. 바쁘지 않으니 다른 사람에 대한 관심이 많아지고, 이런저런 이야기들이 많이 생산되며 유통된다.

상급자에 대한 친분관계, 경쟁관계에 있는 동료의 인맥 등이 중요한 조직에서는 당연히 사람들의 동향에 관심을 가지게 된다. 이런 조직에서는 누가 어떤 학교를 나왔고, 누구와 친하고, 누구를 싫어하고, 누가 밀어주고, 최근 누구를 자주 만나고 있고 등의 이야기들이 아주 중요한 정보이자 경우에 따라서는 개인의 생사를 결정짓는다.

하지만 잘되는 회사는 목표와 성과에 따라 조직관리가 되

잘되는 회사는 목표와 성과에 따라 조직관리가 되기 때문에
개인들은 성과에 관심이 갈 수밖에 없다.

기 때문에 개인들은 성과에 관심이 갈 수밖에 없다. 그러다 보니 직원들이 가십은 말 그대로 가십으로만 듣는다. 왜냐하면 흥밋거리 이상의 의미가 없기 때문이다. 오직 부여받은 목표와 이의 달성에 관심을 집중한다.

56
특출한 사람들이 시스템을 설계하게 한다

잘되는 회사는 합리적인 시스템 하에서 자율적으로 움직인다.
안되는 회사는 직원들에게 열심히 하라고 정신교육만 시킨다.

회사에는 뛰어난 사람만 필요한 것은 아니다. 뛰어난 아이디어를 가진 사람, 건전한 상식을 가진 성실한 사람이 모두 필요하다.

회사가 커질수록 회사를 끌어가는 체계적 시스템이 없으면 제대로 굴러가지 않는다. 새로운 시스템의 설계는 아이디어와 통찰력이 필요한 영역이고, 특출한 사람이 빛을 발하는 영역이다. 그리고 일단 설계된 시스템은 건전한 상식을 가진 성실한 사람이 충분히 일을 할 수 있는 환경을 만들어준다.

시스템의 좋은 예로써, 은행에 일반화된 대기번호표를 들 수 있다. 1960년 후반 미국의 시골 이발소에 처음 등장했다는 대기번호표는, 문제해결은 의식이 아니라 시스템적 관점에서 출발해야 한다는 것을 보여주는 사례다.

대기번호표라는 간단한 시스템이 은행에 도입되기 전에는 창구마다 길게 줄을 서야 했고, 줄을 잘못 서서 앞사람들의 업무 처리에 시간이 많이 걸리면 스트레스를 엄청나게 받아야 했다. 그러나 은행에 대기번호표가 등장하자 순식간에 질서가 찾아왔다. 은행에 온 순서대로 일을 보면 되니 줄을 서서 기다릴 필요도 없고, 은행도 덜 복잡해졌다. 무엇보다 자기 차례를 기다리는 시간을 대략적으로나마 알 수 있게 된 것이 큰 이점이었다.

1982년 영국에서 대형 쾌속 여객선 사고가 발생했다. 문을 잠그지 않고 출발한 배가 급회전을 하면서 많은 승객들이 익사한 것이다. 재판에서는 누구를 처벌할 것인가를 조사했지만, 행정부는 참사의 재발을 예방할 수 있는 대책에 몰두

했다. 처벌할 사람을 찾아내는 것과는 별개로, 사고를 예방할 수 있는 안전시스템을 만들지 않는다면 같은 사고가 재발할 것이라는 판단을 했기 때문이다. 그 결과 오늘날 국제산업표준규격IS 9000의 모체가 된 영국시스템표준규격이 탄생하게 되었다.

잘되는 회사는 특출한 사람들이 시스템을 설계하고, 다른 사람들은 시스템 아래서 움직인다.

그러나 안되는 회사는 시스템보다는 정신교육에 관심이 많다. 회사를 이끌어갈 시스템이 없이 직원들에게 열심히 하라는 정신교육만 한다면, 뛰어난 사람은 불만을 가질 것이고, 성실한 사람은 바쁘기는 하지만 해결되는 문제는 없는 상황에 빠질 것이다. 그러다 보니 똑같은 실패를 반복하고서도 교훈을 얻지 못한다.

57
사장은 사장의 일을, 대리는 대리의 일을 한다

잘되는 회사는 사장은 사장 일을, 대리는 대리 일을 한다.
안되는 회사는 사징이 대리도 할 수 있는 일을 열심히 한다.

회사는 항상 처리해야 할 일이 많다. 매일 일어나는 일상적인 일의 처리, 고객을 개발하는 일, 중기적인 경영계획을 세우는 일, 장기적 관점에서 비전을 세우는 일까지 여러 가지 업무를 잘 처리해야 하고, 또 이를 위해 여러 사람들이 바쁘게 일을 해야 한다.

그러다 보니 회사에서는 다양한 업무를 처리하기 위해 여러 단계와 형식의 분업구조를 가지고 있다. 사장은 사장의 업무범위를 정하고, 임직원들도 각자의 전문성과 사내 직위에 맞게 조직단위, 개인단위로 각자의 업무범위가 정해져 있다.

잘되는 회사는 이런 분업체계와 의사결정의 단계에 맞게 서로 할 일을 한다. 즉 시스템적으로 일을 한다.

잘되는 회사는 분업체계와 의사결정의 구조가 잘 구성되어 있고, 이에 따라서 업무를 처리한다. 그리고 각자 직급에 맞는 업무의 중요도가 나누어져 있다.

잘되는 회사의 사장은 회사의 장기비전을 고민하고, 비전을 달성하기 위한 전략을 수립하며, 또 전략을 실현할 수 있게 하는 제도의 기본을 제시한다. 잘되는 회사의 임원은 각자 부문에서 회사의 전략을 구체적으로 수립하고 실행한다. 잘되는 회사의 직원은 각 부문에서 자기의 역할을 수행한다.

그러나 안되는 회사는 분업체계와 의사결정의 단계보다는 일어나는 상황에 따라 즉흥적으로 업무를 처리하는 경우가 많다. 사장이 직원의 업무를 하고, 임원도 직원의 업무를 하며, 직원도 직원의 업무를 한다.

잘되는 회사는 분업체계와 의사결정의 구조가 잘 구성되어 있고,
이에 따라서 업무를 처리한다.

특히 안되는 회사의 사장은 항상 바쁘다. 그러나 사장의 역할을 충실히 하기 때문에 바쁜 것이 아니라, 부하 직원이 해야 할 일을 직접 열심히 하고 있기 때문에 바쁜 것이다. 사장이 장기 경영전략을 구상하기보다, 접대비나 복사비 등 일상적인 비용에 대한 결제를 열심히 하고, 직원들이 잘 처리할 수 있는 업무에 열심히 간섭해 업무를 혼란스럽게 한다.

임원도 자연히 일상적인 비용통제나 일상적인 업무관리를 열심히 하고, 직원들도 마찬가지가 된다. 소위 사장이 부장 역할을 하고, 임원은 과장 역할을 하고, 부장은 대리 역할을 하는 것이다.

안되는 회사는 중요도에 따라 업무가 나누어져 있지도 않고, 일상적으로 일어나는 업무는 고위직에서 처리한다. 중장기 계획과 같은 중요한 업무를 일개 직원이 수립하는 경우도 허다하다.

58
사장의 심신이 건강해야 회사도 건강하다

//

잘되는 회사는 사장의 마음과 몸이 두루 건강하다.
안되는 회사는 사장의 마음과 몸에 병이 깃들어 있다.

머리는 빌릴 수 있어도 건강은 빌릴 수 없다는 말이 한때 유행한 적이 있다. 이를 맞받아 건강을 빌릴 수 없지만 머리도 빌릴 수 없다는 우스갯소리도 생겨났다. 모름지기 사장은 머리도 몸도 건강해야 하는 법이다.

TV 드라마에서 보이는 사장은 좋은 차를 타고, 좋은 옷을 입고, 좋은 음식을 먹는 여유작작한 인생을 보낸다. 하지만 실제로 회사의 최고경영자는 긴장이 넘치는 의사결정의 연속이고 이에 따른 스트레스도 많다.

우선 의사결정자가 육체적으로 건강하지 않으면 회사가 건강할 수가 없다. 뛰어난 경영자도 피로가 쌓이고, 병든 상태에서 좋은 의사결정을 내릴 수는 없는 것이다.

사장은 육체뿐 아니라 정신적 · 윤리적으로도 건강해야 한다. 한마디로 아랫사람 보기에 떳떳해야 한다는 이야기다. 물론 사장이 아랫사람에게 윤리적으로 떳떳하지 못하면서, 원칙을 지키라고 말할 수는 있다. 그러나 직원들은 그런 사장을 진심으로 따르지 않는다.

A라는 회사의 사장은 직원들의 비용에 대해서 인색할 정도로 까다로웠다. 덕분에 새나가는 비용 없이 회사를 운영할 수 있었고, 직원들은 비용절감에 대해서 당연하게 생각했다. 그러나 실제로 사장이 개인비용을 회사비용으로 지불한 것은 물론 상식을 벗어나는 용도로 비용을 사용했다는 것이 알려지면서, 사장이 어떤 말을 해도 이를 믿는 직원을 찾아보기는 어려웠다. 그 후 외부적 요인으로 어려움이 닥쳤을 때도 이를 헤쳐 나갈 수 있는 리더십은 찾을 수 없었고, 결국 이 회사는

정상적인 경영을 중단할 수밖에 없었다.

안되는 회사의 사장일수록 합리성이 결여되어 있거나 윤리적으로 건강하지 않은 경우가 많다. 이런 경우 기업문화도 사장을 따라 합리성이 결여될 수밖에 없다.

많은 직원이 있고 규모가 큰 회사도, 사장의 성격과 관심사에 따라 기업문화는 큰 영향을 받는다. 사장이 공격적이면 기업문화도 공격적이 되고, 사장이 합리적이지 않은 성격이면 회사도 합리성을 결여하게 된다.

이는 사장의 성격에 따라 이에 맞는 임원들이 채워지게 되고, 이러한 임원들은 또 자기들에게 맞는 중간관리자를 발탁하기 때문에 생겨나는 자연스런 현상이다.

59
능력 없는 사장의 사촌은 조용히 지내게 한다

잘되는 회사는 능력 있는 일가친척만 받아들인다.
안되는 회사는 능력 없는 일가친척이 거들먹거린다.

과거 우리나라 정서에서 집안의 누가 잘되면, 주변 친척을 돌보는 것을 일종의 의무로 보았다. 그래서 누가 사업을 해서 성공하면, 친척들을 불러서 같이 일하는 경우가 많았다.

1990년대 이후 경영투명성이 부각되면서 이런 현상들이 줄어들기는 했지만, 중소기업의 경우는 아직도 일반적이다. 회사를 경영하면서 가장 두려운 일 중의 하나가 중요한 직원의 배신인데, 우리나라 정서상 그래도 혈연관계로 맺어진 사람에게 신뢰가 더 가는 것은 자연스러운 일이기도 하다.

회사에 있는 사장의 사촌들이 중요한 역할을 맡고 있을 경우, 소위 로얄패밀리로서 힘이 생기게 마련이다. 능력이 있고, 사장의 인척인데다 중요한 역할을 할 경우에 사람과 정보가 몰리는 것은 당연하지 않은가. 회사 입장에서도 딱히 나쁠 것은 없다.

문제는 능력 없는 인척들에게 중요한 역할을 맡기고, 권한을 행사하게 하는 경우다. 이런 사람들은 소위 무능한 측근그룹을 형성할 수밖에 없고, 나아가 경영자의 건전한 판단을 방해하기 십상이다.

도요타자동차는 1937년 설립된 이래 오너와 전문 경영인이 번갈아가며 회사경영을 맡는 방식으로 세습 경영의 폐해를 막고, 도요타 가문의 구심력도 유지해왔다. 창업주인 도요타 기이치로豊田喜一郎는 후손들의 회사 내 위치와 관련해서 엄격한 원칙을 만들었다. 가족들에게 기회는 주지만, 경영수업에서 낙제하면 가차 없이 퇴진시킨다는 것이다.

창업주의 손자인 도요타 아키오豊田章男 상무는 '글로벌 리

잘되는 회사에서도 사장의 인척이 회사에 있을 수 있다.
그러나 중요한 역할을 하는 사람은 인척이기 이전에
능력으로 인정받은 사람에 국한된다.

더로 올라선 도요타라는 거대 기업을 이끌기 위해서 도요타 가문의 구심력이 필요하다.'는 사내 분위기 속에 2003년 6월 전무로 승진하면서 차기 리더로 부상했다. 당시 오쿠다 히로시 회장은 "아키오 씨가 지금까지는 창업자 자손으로서의 프리미엄이 있었던 것도 사실이지만, 그 정도의 능력은 있다고 본다. 그러나 앞으로는 본인의 노력과 실력 여하에 달렸다."고 냉정하게 평가했다. 이후 2009년 6월 대표이사 사장이 된 도요타 아키오는 창업 이래 최대의 위기였던 2010년의 대규모 리콜사태를 효과적으로 수습하고 재도약을 이끌고 있다.

잘되는 회사에서도 사장의 인척이 회사에 있을 수 있다. 그러나 중요한 역할을 하는 사람은 인척이기 이전에 능력으로 인정받은 사람에 국한된다. 무능한 사촌 형은 중요하지 않은 일을 하면서 조용히 산다.

60

호랑이 아들이 강아지일 수도 있다는 것을 안다

잘되는 회사는 강아지에게 호랑이 역할을 맡기지 않는다.
안되는 회사는 강아지에게 호랑이 역할을 하게 한다.

스탠더드 오일이라는 석유왕국을 세운 전설적 부자인 록펠러 1세에 관한 유명한 일화가 있다. 록펠러 1세가 뉴욕에 와서 호텔에 묵는데, 호텔 벨보이에게 팁으로 1달러를 주었다. 그랬더니 벨보이가 "전번에 우리 호텔에 묵었던 아드님은 팁을 후하게 주셨는데, 선생님도 팁을 후하게 주셔도 되지 않겠습니까?"라며 물었다. 록펠러는 다음과 같이 대답했다. "나는 내 아들과 같은 부자 아버지를 두지 못했기 때문에 더 줄 수 없으니 양해해 주시오."

우리나라에서 창업자가 물러나면, 창업자의 2세가 경영자의 지위를 물려받는 것이 일반적이다. 이를 두고 부의 세습이라고 비난을 많이 하는데, 사실 세습은 당연한 일 아닌가. 돈 많이 벌어서 잘살고, 가능하면 자식이 좋은 여건에서 살아가도록 하는 것은 일종의 유전자적 본능이다.

문제는 경영자의 능력은 유전되지 않는다는 것이다. 유능한 후손에게 사업을 물려주는 것은 전혀 문제가 없다. 하지만 유능한 후손이 없는데도 불구하고 무리하게 사업을 물려주는 것은 결국 망하는 지름길일 가능성이 높다.

대개의 경우, 창업 1세는 의욕이 넘치고, 능력이 있으며, 무엇보다 근검절약이 몸에 배어 있다. 그러나 창업자의 후손이라고 해서 능력이 있다는 보장은 없다. 더욱이 어렸을 때부터 좋은 환경에서 자라서 세상물정을 모르고 있는 경우가 많다. 아무리 좋은 교육도 근본적인 자질 부족에는 어쩔 수 없는 법이다.

천하를 통일한 진시황의 경우도 왕위를 물려받은 아들 호해가 무능해, 불과 몇 년을 가지 못하고 왕조가 멸망했다. 철인황제라고 칭송받는 로마제정 5현제 중 한 사람인 마르쿠스 아우렐리우스 황제의 유일한 아들로 왕위를 계승한 콤모두스도 자질은 어릿광대에 불과해, 로마의 몰락을 앞당기는 황제가 되었다. 우리나라에서도 창업자의 사업을 물려받아 망해버린 2세의 이야기는 수도 없이 많다.

호랑이 아들이 강아지일 수 있다. 즉 유능한 창업자 아버지 밑에서 망나니 아들이 나올 수도 있는 것이다.

잘되는 회사는 강아지에게 호랑이 역할을 맡기지 않는다. 차라리 다른 호랑이를 찾아서 회사를 잠시 맡기고, 강아지 다음에 호랑이가 태어나기를 기다린다. 하지만 안되는 회사는 강아지에게 호랑이 역할을 하게 하고, 결과는 운에 맡긴다.

잘되는 회사는 강아지에게 호랑이 역할을 맡기지 않는다.

안되는 회사는 강아지에게 호랑이 역할을 맡기고,

결과는 운에 맡긴다

『김경준의 어떻게 일해야 하는가 시리즈』 저자와의 인터뷰

Q. 『김경준의 어떻게 일해야 하는가 시리즈』에 대해 소개해주시고, 이 시리즈를 통해 독자들에게 전하고 싶은 메시지는 무엇인지 말씀해주세요.

A. 10여 년간의 직장생활을 통해 시장경제에서 기업의 본질, 사회생활의 의미 등에 대해 저의 생각을 정리한 책입니다. 2003년 첫 출간 후, 일부 내용을 수정 · 보완해 2015년 개정판을 재출간하게 되었습니다.

그때나 지금이나 저의 기본 관점은 여전히 변함이 없습니다. 고객을 위한 가치 창출과 교환이 근간인 시장경제에서, 조직이 형성되고 합리적 리더십이 확립되며 구성원들의 팔로워십이 갖추어져 지속적으로 기업이 발전할 수 있도록 하는 근본적 요소는 개방적 문화, 건전한 경쟁, 합리적 보상입니다.

현실을 직시하고 합리적 대안을 모색하는 조직이 성공하기 마련입니다. 특히 리더십이나 자기계발 영역에서 소통이나 힐링, 치유와 같은 단어를 내세우며 막연하게 자기위안을 반복하면서 현실을 호도하는 경우가 많은 상황에서, 저의 경험에 근거해 솔직한 이야기를 전달하고자 합니다.

Q. 세상에 쉬운 일이 없듯이 회사를 제대로 경영하는 것 또한 쉽지 않은 일입니다. 잘되는 회사를 경영하는 사장들은 어떤 특징을 가지고 있나요?

A. 공통적인 특징으로는 비전, 리더십, 신뢰, 소통능력, 책임감, 전문성 등의 덕목을 꼽을 수 있지만, 저는 호기심과 열정, 긴장감의 유지를 강조하고 싶습니다. 현실에 안주하지 않고 새로운 영역으로 계속 확장해 나가려는 호기심과 열정이 조직에 에너지를 불러일으키고, 또한 과거의 성공에

도취하지 않고 지속적으로 건전한 긴장감을 불러일으키는 능력이 내면적인 기초체력을 확충시킨다고 봅니다.

Q. 잘되는 회사의 사장은 지갑을 열 때 그에 합당한 이유를 찾는다고 하셨습니다. 신규사업을 할 때 사장이라면 가장 중요하게 여겨야 하는 점은 무엇인가요?

A. 신규사업은 유행에 휩쓸리는 성급함을 가장 경계해야 합니다. 특히 호황기에 예외 없이 반복되는 신규사업 진출의 붐에서 낭패를 보는 경우가 많습니다. 1990년대 후반 IT 산업, 2000년대의 벤처붐과 녹색산업 열풍이 그러한 사례입니다.

또한 관련지식과 인내가 중요합니다. 조직 내부적으로 해당산업의 기본요소를 충분히 이해할 수 있어야 합니다. 다음은 인내입니다. 벼도 씨를 뿌리고 여름이 지나야 결실을 맺듯이 신규사업도 일정한 시간이 필요합니다.

마지막으로는 '아니다.'라는 확신이 들면 과감히 접는 과단성이 필요합니다. 소위 경로 의존성, 한 번 발을 들여놓으면 매몰비용 때문에 계속해서 손실을 키우는 경우가 많기 때문입니다.

Q. 잘되는 회사의 사장은 우왕좌왕하지 않고 본질적인 변화를 장기간 꾸준하게 추구한다고 하셨습니다. 본질적 변화의 의미에 대해 자세히 알려주세요.

A. 요즘은 기업경영의 정보가 넘쳐나고 유행도 급변합니다. 본질적 변화란 일시적 유행에 휩쓸리지 않고 기업의 본원적 경쟁력을 확보하는 것입니다.

KBS 〈개그콘서트〉는 수많은 유행어를 만들어내면서 이제는 단순한 예능프로그램의 차원을 넘어 변화와 혁신의 아이콘으로 부각되었습니다. 무려 15년간 성공을 이어올 수 있었던 비결은 경쟁-협업-기획의 공정하고 치열한 시장경제, 구성원들의 팀워크, 긴 안목의 기획력이라는 3박자가 맞아 돌아가기 때문입니다. 지속가능한 경쟁력이 확보되었기에 인기 개그맨이 빠져나가도 계속 새로운 유행을 만들어내면서 그 인기를 유지하고 있습니다. 기업경영도 이와 마찬가지입니다.

Q. 중견간부인 팀장이 되면 팀장이 되기 전과는 전혀 다른 차원의 일을 해야 한다고 하셨습니다. 조직에서 원하는 팀장의 일이란 어떤 것인가요?

A. 사원시절에는 직장생활에 대한 회의, 다른 업종에 대한 부러움, 자신이 선택하지 않은 길에 대한 동경이 용납됩니다. 그러나 중견간부인 팀장이 됐다는 것은 리더십의 대상자에서 리더십의 주체자로서의 역할이 시작됨을 의미합니다. 팀장이라면, 세상을 인식하고 조직과 인간을 이해하는 수준을 한 단계 높여서 바라보는 시점을 가져야 합니다.
팀장이 가장 명심해야 할 점은 '목표 지향적' 조직운영입니다. '야신(야구의 신)'이라는 별명으로 불리는 김성근 감독은 다음과 같이 말합니다.
"일을 하면 반드시 결과가 나와야 한다. 승부는 이기기 위해서 하는 거다. 지려고 하는 게 아니다. 지면 그 손해는 선수에게 간다. 조직에 플러스 되면 나에게 마이너스가 되더라도 나는 그렇게 한다."

Q. 팀장은 상인적 지식으로 무장한 혁신가여야 한다고 하셨습니다. 팀장이 갖춰야 할 상인적 지식이란 개념은 어떤 의미인가요?

A. '북 스마트book smart' '스트리트 스마트street smart'라는 단어가 있습니다. 책을 통해 풍부한 지식과 화려한 언변을 갖추었으나, 정작 현실대처 능력이 부족한 사람을 북 스마트라고 합니다. 반면 스트리트 스마트는 현장에서 쌓은 풍부한 경험을 바탕으로 현실의 문제점을 해결하고 어려운 상황을 헤쳐 나가는 능력이 있는 사람을 말합니다. 상인적 지식이란 바로 스트리트 스마트를 이야기하는 것입니다.

특히 기업경영의 현장에서 북 스마트는 분명한 한계를 가집니다. 물론 지식이 무의미하다는 것은 아니지만, 핵심은 경험에 기반한 스트리트 스마트에 있다는 것입니다.

Q. 팀장이라면 팀원의 의견에 귀를 기울이는 것과 '민주'라는 단어를 분명히 구분해야 한다고 하셨습니다. 이 둘 사이에는 어떤 차이가 있나요?

A. '민주民主'라는 단어는 막연하고 실체도 없는 구호에 생명력을 부여하는 힘이 있습니다. 이 단어는 모호한 뜻만큼

다양하게 해석되지만, 정치적 의사결정에 국한해서 생각하면 '1인 1표에 의한 다수결에 따라 확보하는 정당성' 정도로 해석할 수 있습니다.

그러나 기업은 완전히 다른 영역입니다. '민주적 정당성'보다는 '합리적 분업구조'가 조직구성의 원칙이기 때문입니다. 즉 기업은 합의제로 운영될 수 없는 존재입니다.

소위 '민주적'으로 운영되는 팀이란 존재할 수 없으며, 원칙에 따라 합리적으로 운영되는 팀이 있을 뿐입니다. 물론 함량미달의 팀장과 탁월한 리더십의 팀장이 내리는 지시가 같을 수는 없겠지만, 이런 상황과 조직운영의 원칙은 별개의 문제입니다.

Q. 회사생활은 자기 인생의 CEO가 되는 훈련과정이라고 하셨습니다. 자기 인생의 CEO가 된다는 것은 어떤 의미인가요?

A. 자기 인생의 많은 부분을 자기 자신이 결정할 수 있는 사람을 뜻합니다. 회사생활은 시장경제에서 기업의 본질, 복잡한 조직의 역학관계, 사람들 간에 발생하는 갈등 등 인

간이 살아가는 현실에 대한 본질적 통찰력을 제공합니다. 이런 점에서 회사생활을 통해 자신의 길을 찾고 개척할 수 있는 경험을 축적하고 역량을 키워나가는 것이 중요합니다.

물론 조직에서의 성패가 100% 개인의 역량으로만 좌우되지는 않습니다. 자신의 역량만으로는 설명할 수 없는 변수가 있기 때문입니다. 그러나 자신의 역량에 기초한 성취만큼 한 인간의 삶을 자부심으로 가득 채우는 것은 없습니다. 결국 '자신을 발견하고 자신을 키워나가며 자기 인생의 주도자가 되기 위해 노력'하는 과정이 회사생활인 것입니다.

Q. 회사생활을 밥벌이로만 생각한다면 미래는 없다고 강조하셨습니다. 회사생활을 통해 우리가 잊지 말아야 하는 것은 무엇인가요?

A. 밥벌이는 누구에게나 지겹고 힘겹지만, 사람들은 밥을 버는 경험을 통해 변화하고 발전할 수 있습니다. 밥벌이에서 얻은 경험, 지혜, 안목, 사람을 통해서 더 넓은 세상을 접

하고, 그 속에서 자신의 가능성을 찾고 키워나갑니다.

저는 자기 손으로 밥벌이하는 것을 큰 행복이라고 생각합니다. 그리고 밥벌이를 하는 것에 자부심을 가지라고 말하고 싶습니다. 많든 적든 자신이 벌어서 처자식을 먹이고, 가족이라는 울타리를 유지하는 것은 이른바 '밥벌이의 즐거움'입니다.

Q. 직장인으로서 학벌 등의 스펙이 좋지 않다면 PSD 정신으로 더욱 무장하라고 당부하셨습니다. PSD 정신에 대해 자세히 알려주세요.

A. 미국 뉴욕의 금융거리인 월가의 대형 투자은행인 베어스턴스라는 회사가 있었습니다. 1923년 창사 후 흑자행진을 계속했고 독특한 신입직원 선발기준이 있는 것으로 유명했습니다. 월가의 투자은행들은 보통 아이비리그 명문대학의 MBA 출신을 선발합니다. 반면에 베어스턴스는 PSD란 독특한 기준이 있었습니다. PSD란 가난하고Poor, 똑똑하고Smart, 부자가 되고자 하는 강한 욕망Deep desire to become rich을 가진 사람을 뜻합니다. 『회장님의 메모』라

는 책의 저자로 유명한 이 회사의 앨런 그린버그 회장도 PSD에 해당되었습니다. 2008년 글로벌 금융위기 사태로 2008년 JP모건에 피인수되었지만, PSD가 성장시켰던 역사는 교훈으로 남아있습니다.

스마트폰에서 이 QR코드를 읽으시면
저자 인터뷰 동영상을 보실 수 있습니다.

* 원앤원북스 홈페이지(www.1n1books.com)에서 상단의 '미디어북스'를 클릭하시면 이 책에 대한 더욱 심층적인 내용을 담은 '저자 동영상'과 '원앤원스터디'를 무료로 보실 수 있습니다.
* 이 인터뷰 동영상 대본 내용을 다운로드하고 싶으시다면 원앤원북스 홈페이지에 회원으로 가입하시면 됩니다. 홈페이지 상단의 '자료실-저자 동영상 대본'을 클릭하셔서 다운로드하시면 됩니다.

36년간의 실전 경험을 담은 살아있는 성공지침서

길을 찾아라. 아니면 만들어라

현병택 지음 | 값 14,000원

이 책은 36년간의 열정을 담은 업무노트이자 그간의 삶에 대한 진솔한 기록이다. 저자가 은행원에서 출발해 부행장을 거쳐 경제방송 방송사 대표에 이르기까지, 다양한 분야에서 만난 사람들과의 영업 이야기와 마케팅 노하우, 정곡을 찌르는 영업 비책까지 어느 책에서도 보기 힘든 이야기들을 보여준다. 이 책을 통해 비즈니스맨으로서 그간 지나온 길을 되돌아보며 앞으로 나아가야 할 바를 분명하게 정립할 수 있을 것이다.

매력적인 한 줄을 발견하기 위한 45가지 방법

마음을 움직이는 한 줄의 카피 쓰기

박상훈 지음 | 값 15,000원

많은 사람들이 누군가를, 어떤 조직을 설득하기 위한 최종병기를 찾고 있다. 이 책은 이러한 높은 관심에 부응해 매력적인 한 줄 쓰기 방법을 다룬다. 광고카피 초창기 시절부터 유명한 카피를 만들어냈던 저자의 실전 경험이 책 속에 잘 녹아들어 있다. 현 시대는 장황한 설명보다는 핵심을 꿰뚫고 정곡을 찌르는 한 줄의 카피가 필요하다. 톡톡 튀는 아이디어와 감각적인 사례를 통해 흥미롭게 접근하고 있다.

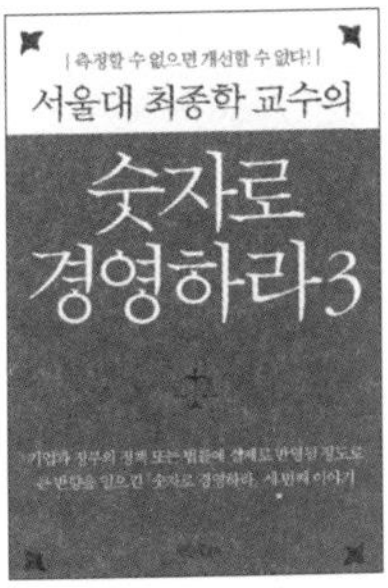

측정할 수 없으면 개선할 수 없다

서울대 최종학 교수의 숫자로 경영하라 3

최종학 지음 | 값 19,500원

서울대학교 교수이자 손꼽히는 대한민국 경영대가 최종학 교수의 세 번째 역작이다. 전작에서 전략적 이슈와 관련된 회계 전문 지식으로 큰 반향을 불러일으킨 후 2년 만에 내놓는 신작이다. 과학적 발견과 논리에 근거해 여러 기업 사례의 핵심을 파악하고 대안점을 제시했던 최종학 교수는, 이번 책에서 더 날카로운 시각과 시대적 흐름을 읽는 혜안으로 경영의 핵심을 파고든다.

아나운서 이서영의 매력 스피치!

예스를 이끌어내는 설득 대화법 52

이서영 지음 | 값 15,000원

스피치 커뮤니케이션 전문가이자 프리랜서 아나운서인 저자가 그동안 쌓아온 강력한 설득 대화법 노하우를 공개한다. 저자는 그동안 각종 스피치 현장에서 몸소 느끼고 뼈저리게 체험하며 진솔한 휴먼 커뮤니케이션 방법을 체득할 수 있었다. 저자는 이 책을 통해 얄팍한 대화술에서 벗어나 완전한 공감을 이루어 승승장구할 수 있는 비결을 알려준다.

보험을 100% 활용하기 위한 41가지 비법!

보험 가입 전에 꼭 알아야 할 모든 것

박한석 · 김명규 지음 | 값 17,000원

스마트화재특종자동차손해사정(주) 박한석 대표와 목원대학교 금융보험부동산학과 김명규 교수가 현장에서 직접 체득한 손해사정과 보험에 대한 노하우를 모아 출간했다. 무턱대고 아무 보험에나 가입했다간 금전적 손실까지 입을 수 있다. 이 책은 손해사정사가 직접 전하는 보험을 경제적으로 이용할 수 있는 방법과 보험의 가입부터 이용과 해약에 이르기까지의 명확한 가이드라인을 제시한다.

돈 걱정 없는 인생 프로젝트

경제적 자유에 이르는 6단계

김선화 지음 | 값 15,000원

집을 지을 때 설계도가 필요한 것처럼 돈을 관리할 때도 전략이 필요하다. 이 책은 인생을 길게 보고 경제적으로 자유로운 삶을 살기 위해 왜, 무엇을, 어떻게 준비해야 하는지 인생 전반에 걸친 6단계 돈 관리 방법을 소개한다. 이미 많은 성공적인 사례로 검증된 '경제적 자유에 이르는 6단계' 방법을 체계적으로 정리한 책으로 6단계 비법을 따라 하다 보면 미래를 위해 현재의 만족을 포기할 수 있는 힘을 얻을 수 있을 것이다.

경영은 분석하는 것이 아니라 통찰하는 것이다!

딜로이트 컨설팅 김경준 대표의 통찰로 경영하라

김경준 지음 | 값 19,000원

사회생활 선배이자 CEO인 저자가 후배들을 위해 다년간의 경험 노하우를 아낌없이 풀어놓았다. 역사 · 문화 · 예술 등 다양한 사회 면면을 관찰하고 성찰해, 기업조직과 경영 활동에 필요한 시사점을 자신만의 시각으로 정리했다. 뻔히 답이 보이는 형식적인 접근과 내용이 아니라 저자 자신의 삶과 경험, 그리고 인생관과 가치관을 솔직하게 담아냈기 때문에 사회 초년생은 물론 CEO까지 누구나 읽고 공감하기에 부족함이 없다.

라온제나만의 차별화된 목소리 트레이닝법 전격 공개!

국내 최초의 보이스코치 임유정의 목소리 트레이닝북

임유정 지음 | 값 16,000원

아나운서와 쇼핑호스트를 거쳐 스피치 아카데미를 운영하고 있는 저자가 목소리 트레이닝 노하우를 공개했다. 저자는 전작 『성공을 부르는 목소리 코칭』『성공을 부르는 스피치 코칭』 등을 통해 당당한 목소리로 자유로운 스피치를 할 수 있는 기법을 전했다. 이 책은 저자가 "그동안 쌓아온 모든 노하우를 담아 강사 생명의 위험을 무릅쓰고 출간한다."라고 선언할 만큼 풍부한 예문과 상세한 훈련 방법을 엄선한 실전 트레이닝북이다.

청년창업에 성공하기 위해 반드시 알아야 할 것들!

20대, 창업으로 세상에 뛰어들어라

유연호 지음 | 값 15,000원

구체적인 창업지원프로그램 정보와 창업지원자금을 어떻게 하면 잘 받을 수 있을지 등의 많은 정보를 제공하고 있다. 창업을 준비하는 청년들이 이 책을 보면서 창업에 대한 방향을 잡고, 창업에 대한 아이디어를 얻고, 실패를 두려워하지 않을 수 있을 것이다. 또한 그들이 어떠한 두려움에 휩싸여 있는지, 그 두려움을 극복하기 위해서는 어떻게 준비하고 도전해야 하는지를 이 책에서 잘 보여준다.

협동조합을 위한 최고의 실무 매뉴얼

협동조합이 꼭 알아야 할 회계 · 세무 · 경리의 모든 것

김정호 · 김석호 지음 | 값 15,000원

협동조합을 제대로 알고 운영한다면 상생하고 협동하며 더불어 살아가는 가장 좋은 방법일 수 있지만, 올바르게 알지 않고 시작하면 자칫 큰 어려움을 겪을 수 있다. 협동조합 설립 방법, 회계처리 방법, 원천세 신고 절차 등 협동조합 운영 실무에 있어 반드시 필요한 점들을 알기 쉽게 풀어낸 이 책을 잘 읽고 실천한다면 새로운 길이 열릴 것이다.

100세 인생을 즐길까? 100년 가난에 시달릴까?

당신의 가난을 경영하라

김광주 지음 | 값 14,000원

우리는 아무리 열심히 일해도 노후를 보장받지 못하는 시대에 살고 있다. 이는 우리에게 닥친 가난이 과거의 가난과는 달리 사회구조적인 문제이며 개인의 능력만으로는 극복하기 힘든 문제라는 뜻이기도 하다. 물론 그렇다고 포기해서는 안 된다. 오히려 가난을 인정하고 적극적으로 경영해야 한다. 이 책에서는 가난을 경영하는 것만이 가난을 벗어날 수 있는 유일한 방법이라고 제시한다.

돈의 복잡한 시스템을 한 권으로 이해한다!

돈의 거의 모든 것

대니얼 코나한 · 댄 스미스 지음 | 김대중 감수 | 박수철 옮김 | 값 19,500원

금융 세계를 이토록 상세히 조명하고 복잡한 시스템을 간단한 용어로 설명한 책은 지금까지 없었다. 개인 재무관리에서부터 세계경제까지 종횡무진하면서 세금, 은행업, 투자회사, 주식시장, 헤지펀드, 인플레이션, 연금, 통화제도, 금융문화 등을 둘러싼 모든 의문점을 명쾌하게 해결해준다. 최근의 급변하는 금융상황을 이해하는 데 도움을 주는 책이 될 것이다.

평범한 당신도 탁월해질 수 있다!

평범한 그들은 어떻게 탁월해졌을까

이재영 지음 | 값 16,000원

이 책은 1등을 넘어서는 위대한 것, 바로 그것이 탁월함이라고 설파한다. 탁월함은 남을 이기는 것이 아니라 새로운 것을 만들어내는 것이다. 그러므로 평범한 사람도 탁월한 결과를 이루어낼 수 있다. 저자는 탁월한 결과를 얻기 위한 결정적 비밀 14가지를 제시한다. 이 한 권의 책을 통해 탁월함을 보는 새로운 시각을 가질 수 있고, 나아가 탁월함에 이르는 선명한 로드맵을 발견할 수 있을 것이다.

저성장 국면에 진입한 한국 경제, 그 해법을 밝힌다!

저성장시대, 승자와 패자

삼정KPMG 경제연구원 지음 | 값 15,000원

삼정KPMG 경제연구원은 회계 · 컨설팅 그룹 삼정KPMG의 전문성과 글로벌 지식을 바탕으로 우리 기업들의 글로벌 경영을 위한 차별화된 지식과 정보를 제공하고자 끊임없이 노력해왔다. 이 책은 글로벌 장기 저성장시대를 맞이한 우리 기업에게 승자의 전략을 제시한다. 세계경제와 한국 경제에 대해 심층적으로 분석한 내용을 토대로 기업의 생존과 번영을 위한 전략을 수립하고, 실행을 위한 통찰력 있는 시각을 제공한다.

이솝우화 속에 숨겨진 세상살이의 진리!

내 나이 마흔, 이솝우화에서 길을 찾다

강상구 지음 | 값 15,000원

어릴 적 한번쯤은 읽어 보았을 이솝우화가 마흔을 위한 자기계발서 『내 나이 마흔, 이솝우화에서 길을 찾다』로 재탄생했다. 『어려울수록 기본에 미쳐라』 등 다수의 베스트셀러를 펴내며 대한민국 직장인들의 멘토로 부상한 저자가 이솝우화를 통해 잊고 있었던 삶의 지혜를 재충전해 준다. 각각의 이솝우화마다 현대적인 해석과 실제적인 조언을 덧붙였다.

스마트폰에서 이 QR코드를 읽으면
'원앤원북스 도서목록'과 바로 연결됩니다.

독자 여러분의
소중한 원고를 기다립니다

원앤원북스는 독자 여러분의 소중한 원고를 기다리고 있습니다. 집필을 끝냈거나 혹은 집필중인 원고가 있으신 분은 khg0109@hanmail.net으로 원고의 간단한 기획의도와 개요, 연락처 등과 함께 보내주시면 최대한 빨리 검토한 후에 연락드리겠습니다. 머뭇거리지 마시고 언제라도 원앤원북스의 문을 두드리시면 반갑게 맞이하겠습니다.